智能仓储大数据分析

（高级）

北京京东乾石科技有限公司 组编

董振宁 范 超 刘小军 主编

清華大学出版社

北 京

内 容 简 介

本书是教育部 1+X 职业技能等级证书"智能仓储大数据分析"配套教材，根据证书的等级划分，本套教材分为初、中、高三个等级，总体上每个级别 70% 的内容是关于运营数据的分析，30% 的内容是关于设备数据的分析，每个等级的侧重点及对学生的要求不同。高级教材，在初、中级教材的基础上，要求学习者能够掌握经典的统计模型，熟练使用 R 或 Python 等基本编程语言，能够利用常用的统计模型量化分析仓储运营中的问题，并向相关部门提出运营决策和优化建议，输出数据分析报告。

教材采用活页式设计，以工作任务单元为基本形式，以物流业务流程的开展为主线，从企业真实用人需求出发，立足岗位技能的真实需要，为培养物流类专业技术人才量身定制一套完整的大数据分析知识体系。

本教材适用于中高职、职业技术型大学、应用型本科院校的学生、教师，以及有志于在数据分析领域从业或提升数据分析技能的社会在职人员。

本书封面贴有清华大学出版社防伪标签，无标签者不得销售。

版权所有，侵权必究。举报：010-62782989，beiqinquan@tup.tsinghua.edu.cn。

图书在版编目(CIP)数据

智能仓储大数据分析：高级 / 北京京东乾石科技有限公司组编；董振宁，范超，刘小军主编 .—北京：清华大学出版社，2022.2

　　ISBN978-7-302-60050-3

　　Ⅰ.①智…　Ⅱ.①北…②董…③范…④刘…　Ⅲ.①仓库管理－数据处理－职业技能－鉴定－教材　Ⅳ.① F253-39

中国版本图书馆 CIP 数据核字 (2022) 第 022846 号

责任编辑： 陈　莉
装帧设计： 方加青
责任校对： 马遥遥
责任印制： 杨　艳

出版发行： 清华大学出版社
　　　　　　 网　　　址：http://www.tup.com.cn，http://www.wqbook.com
　　　　　　 地　　　址：北京清华大学学研大厦 A 座　　　　邮　　编：100084
　　　　　　 社 总 机：010-83470000　　　　　　　　　　 邮　　购：010-62786544
　　　　　　 投稿与读者服务：010-62776969，c-service@tup.tsinghua.edu.cn
　　　　　　 质 量 反 馈：010-62772015，zhiliang@tup.tsinghua.edu.cn
印 装 者： 三河市君旺印务有限公司
经　　销： 全国新华书店
开　　本： 185mm×260mm　　　**印　　张：** 14　　　**字　　数：** 307 千字
版　　次： 2022 年 4 月第 1 版　　　　　　　　　　　**印　　次：** 2022 年 4 月第 1 次印刷
定　　价： 68.00 元

产品编号：093841-01

编 委 会

主编：

    董振宁   广州工业大学

    范　超   北京京东乾石科技有限公司

    刘小军   深圳技师学院

编委：

    郑　忠   南宁学院

    李方敏   广州科技职业技术大学

    高　莉   广东工业大学

    郑　丽   佛山职业技术学院

    王荣花   广州理工学院

    刘文娟   广东农工商职业技术学院

    张　莉   北京物资学院

    龙　璇   海南经贸职业技术学院

    王明严   海南经贸职业技术学院

    郭　俐   内蒙古机电职业技术学院

    冀玉玲   内蒙古机电职业技术学院

    张　静   昆明冶金高等专科学校

    段丽梅   昆明冶金高等专科学校

    林　颖   福建船政交通职业学院

    张　青   合肥职业技术学院

    刘珊珊   青岛职业技术学院

    徐　萍   青岛职业技术学院

孙敏刚　　　　北京京东远升科技有限公司

邵　文　　　　北京京东乾石科技有限公司

刘淑情　　　　北京京东乾石科技有限公司

冀鹏飞　　　　北京京东乾石科技有限公司

陈　斌　　　　北京京东远升科技有限公司

吴数龙　　　　北京京东乾石科技有限公司

梁毅楠　　　　北京京东乾石科技有限公司

河京哲　　　　北京京东乾石科技有限公司

李　铁　　　　北京京东远升科技有限公司

作者简介

京东物流教育（北京京东乾石科技有限公司）以产业育人为己任，以实践为基础，通过技术、平台和生态，打造线上线下及产学研相融合的教育产业平台，链接政、行、企、校，服务双创双业。

董振宁，博士，副教授，硕士生导师，任广东工业大学管理学院工程硕士教育中心主任、广东省物流与供应链学会副秘书长、广东省政府采购评审专家、广东省汽车行业协会专家库成员等；主要研究领域：供应链管理、供应链金融、物流园区规划、物流信息系统；主持广东省自然科学基金、教育部校企协作协同育人、广州市哲学社会科学规划项目等纵向项目3项，并主持政府及企业咨询等横向项目10多项；在IJPE、系统工程学报等期刊发表论文20多篇。

范超，博士，高级统计师，曾在国家统计局工作8年，现为京东物流资深算法专家；主要科研方向是大数据背景下的物流与供应链管理，将统计模型、机器学习、运筹优化等算法模型应用到企业物流中；曾四次获得省部级奖励，在核心学术期刊发表论文20余篇，获得发明专利3项。

刘小军，博士，高级职称，深圳技师学院商贸学院院长，中国物流学会特约研究员，粤港澳大湾区物流与供应链创新联盟学术委员会委员；在国内外核心期刊发表学术论文30余篇；主编教材5部，主持省部级以上课题8项，其中2项是国家级课题；指导大学生获得创新创业、学科类竞赛奖项30余项，其中省级获奖16项，国家级获奖8项。

序　言

伴随着科技的进步，大数据、云计算、人工智能、物联网等新兴技术正不断带来物流行业的巨大变革。在仓储领域，传统的人工仓、半自动仓正逐步转向自动化仓和智能仓。传统物流向智能物流的转变，岗位需求也在从基础作业人员(打包员、上架员、拣货员、理货员等)向自动化技术技能型的复合人才转变，复合人才越来越受到企业的重视。智能仓库要求员工不仅要掌握物流基础作业的流程和规范，而且要具备智能装备的基础知识和数据分析的相关技能，以实现对仓储的运营管理、设备的监控与故障诊断等，从而可持续优化提升仓内规划、运营质量和效率。

依托企业在仓储物流领域多年的实战经验，根据企业岗位培训内容及要求，并结合教育部 1+X 职业技能等级证书的相关培训及考核，我们组织编写了本套教材。从企业人才需求的角度，总结提炼了真实岗位的技能要求，为致力于在该领域就业的人员量身定制了一套完整的知识体系。

本套教材分为初、中、高三个等级，总体上每个级别 70% 的内容是关于运营数据的分析，30% 的内容是关于设备数据的分析。每个等级的侧重点与对学生的要求不同。初级教材，主要是讲授仓储运营和设备的基本数据分析方法，从入库、存储、拣货、分货到设备的性能、可靠性等依次展开，要求学习者掌握描述性统计的基本方法，具备 SQL、Excel 与数据分析相关的基本技能，能够按照企业的要求完成数据采集与处理、监控与汇报等工作；中级教材，在初级教材的基础上，要求学习者能够对仓储作业数据开展深入挖掘与分析，掌握推断统计的基本内容，具备初步的 SQL 与 Python 等与数据分析相关的编程语言应用能力，可以围绕业务完成较为全面、系统的大数据分析工作；高级教材，在初、中级教材的基础上，要求学习者掌握经典的统计模型，熟练使用 R 或 Python 等基本编程语言，能够利用常用的统计模型量化分析仓储运营中的问题，并向相关部门提出运营决策和优化建议。

本套教材具有以下特色：

1.内容与企业实际岗位紧密结合，以京东物流业务为蓝本，融入大量真实行业、企业案例，涵盖的知识和技能是在智能仓储领域从业现阶段所亟需的，实用性强。

2. 教材中的知识点全面体现了京东物流多年来在智能仓储数据分析领域总结提炼的最新技术和前沿成果，前瞻性强。

3. 本套教材为 1+X 职业技能等级证书——"智能仓储大数据分析"配套教材，结合线上课程、专家讲座视频、师资培训等全面指导院校相关课程教学工作的开展，针对性强。

4. 教材相关的京东物流智能仓储大数据分析平台搭载了海量数据，以数字的方式展示了智能仓储领域的相关业务，不仅可服务于教学，亦可开展智能运营、设备诊断等方面的科研，专业性强。读者可通过扫描封底二维码并填写教辅资料申请表获取京东物流智能仓储大数据分析课程及实训平台资源。

教材配备了案例数据集和每单元的课后训练及参考答案，读者可通过扫描封底二维码获取。

在系统学完本套教材后，学习者将能够以企业的思维开展数据分析工作，采用当前最新的数据分析技术和工具去解决企业中的数据分析问题，全面提升学生在新技术、新设备、新领域的就业技能。

最后，希望本套教材的出版能够为推动我国智能物流领域的人才培养发挥积极作用。

北京京东乾石科技有限公司

2022 年 3 月

前　言

随着电子商务行业的快速发展，承担仓储和分拣功能的配送中心规模越来越大，出货频率也越来越高；同时，电子商务行业的剧烈竞争带来的成本压力又传导到物流行业，使得仓库必须努力提高效率、降低成本，而且电子商务行业的竞争本身对仓储分拣的效率也不断提出更高服务质量的要求。

现代信息技术发展迅速，配送中心的仓储管理系统、拣选作业系统、AGV 无人小车等为仓库运作提供了支持，提高了仓库工作的效率，降低了仓库运营成本。同时，系统运行积累的海量数据，又为我们分析仓储系统运行状况，改进仓储管理提供了数据支持。

因此，现代仓储管理开始从经验管理转变到依托大数据分析的科学管理，这对仓储管理人员的知识、技能提出了更高要求。要想充分、有效利用信息系统积累的海量数据资源，以分析仓储运作情况，寻找提高效率、降低成本的措施，需要管理者综合运用数据分析、统计学、数理统计等理论工具，还要运用 Excel、SPSS、Python、R 语言等计算机工具，更需要管理者对仓储运作管理内在规律的深刻认知。这样的复合型人才目标与传统高校物流管理等相关专业培养目标存在较大差异。为此，我们依托京东多年仓储运营积累的丰富经验，由京东集团提供具体案例数据和工作方法，由来自广东工业大学等6 所高校的老师结合相关科学理论，梳理编写本书，将京东基于大数据分析的仓储管理方法整理出来。在简要介绍其理论基础的前提下，详细介绍京东在存储作业、拣货作业、分货作业、设备性能、设备可靠性、仓储综合分析等各个方面的具体分析操作过程，希望读者能够直接参考，用于其自身工作。

本书由广东工业大学董振宁副教授和京东集团范超、深圳技师学院刘小军主持编写。本书共分 8 个单元，其中第 1、2 单元由广东工业大学高莉老师编写，第 3 单元由广州科技职业技术大学李方敏副院长编写，第 4 单元由佛山职业技术学院郑丽副教授编写，第 5 单元由广州理工学院王荣花副教授编写，第 6 单元由董振宁副教授编写，第 7 单元由南宁学院郑忠副研究员编写，第 8 单元由广东农工商职业技术学院刘文娟老师编写。

　　基于大数据分析的仓储管理的理论、方法和实践正在快速发展，其他企业设计的新颖分析方法也会有各自的独特优点，本书方法未必最优，但是希望可以为读者工作提供参考。在本书的编写过程中，参考了大量相关文献，在此向各位同行表示深深的感谢。由于水平有限，书中不当之处在所难免，恳请读者批评指正。

教材编写组

2022 年 2 月 20 日

目　录

第 1 单元
智能仓储数据分析概述

【内容概览】

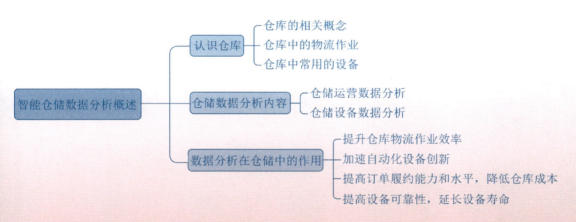

【知识目标】

1. 了解仓库的功能及分类；

2. 掌握仓库的物流作业流程，了解仓库的常见设备；

3. 了解仓储数据分析的内容及作用。

【技能目标】

1. 掌握仓库的物流作业流程；

2. 能梳理、设计仓库物流作业流程；

3. 能将数据分析结果应用到仓储管理过程中。

【职业目标】

1. 胜任物流、仓库、配送中心等部门收货验收岗位；

2. 胜任仓储数据统计、分析与大数据处理岗位；

3. 能处理与收货、卸货、验收相关的工作与业务；

4. 养成细致、认真的数据分析与处理习惯；

5. 培养数据安全的意识。

任务 1　认识仓库

●任务描述

> 仓储是指通过仓库对物品的存储与保管。仓储是生产制造与商品流通的重要环节之一，也是物流活动的重要环节。本部分将带大家认识仓库。

●任务分析

> 本任务主要包括：了解仓库的概念、分类；熟悉仓库中的物流作业以及仓库中常用的设备。

●相关知识

1. 仓库的相关概念

1) 仓库的定义

仓库为存放、保管、存储物品的建筑物和场地的总称，由存储物品的库房、运输传送设施 (如吊车、电梯、滑梯等)、出入库房的输送管道和设备以及消防设施、管理用房等组成。

2) 仓库的分类

仓库的种类很多，由于各种仓库所处的位置不同，所承担的存储任务不同，再加上存储物品的品种规格繁多，性能各异，因而可以根据不同的分类标准，将仓库划分为不同的类型。

(1) 按所存储物品的形态分类，仓库包括固体物品仓库、液体物品仓库、气体物品仓库和粉状物品仓库等。

(2) 按存储物品的性质分类，仓库包括原材料仓库、半成品仓库和成品仓库。

原材料仓库：原材料仓库保管生产中使用的原材料。这类仓库一般规模较大，通常设有大型的货场。

半成品仓库：半成品仓库保管已经过一定生产过程，并已检验合格，但尚未最终制造成产成品的中间产品。

成品仓库：成品仓库保管完成生产但尚未流通的产品。一般这类仓库附属于产品制造企业。

(3) 按建筑形式分类，仓库包括单层仓库、多层仓库和圆筒形仓库。

单层仓库：单层仓库是最常见、使用最广泛的一种仓库建筑类型。单层仓库构造比较简单，建筑费用便宜；全部仓储作业都在一个层面上进行，商品在库内装卸搬运方便。但是，单层仓库的建筑面积利用率较低，在城市土地使用价格不断上涨的今天，在市内建造这类仓库，其单位商品的存储成本较高，故单层仓库一般建在城市的边缘地区。

多层仓库：多层仓库是指二层楼及以上的仓库，它可以减少土地占用面积，进出库作业可采用机械化或半机械化。多层仓库的最大问题是建造和使用中维护的投资较大，故堆存费用较高。多层仓库一般建在人口较稠密、土地使用价格较高的市区。

圆筒形仓库：圆筒形仓库是适用于存放散装的小颗粒或粉末状商品的封闭式仓库，一般置于高架之上，如存储粮食、石油、水泥和化肥等。

(4) 按仓库在商品流通过程中所起的作用分类，仓库包括批发仓库、采购供应仓库、加工仓库、中转仓库、零售仓库、储备仓库，以及保税仓库等。

批发仓库：批发仓库主要用于收储从采购供应库场调进或在当地收购的商品。这类仓库贴近商品销售市场，是销地的批发性仓库。它既从事批发供货，又从事拆零供货。

采购供应仓库：采购供应仓库主要用于集中存储从生产部门收购的和供国际进出口的商品。这类仓库一般设在商品生产比较集中的大、中城市或商品运输枢纽所在地。采购供应仓库一般规模较大。

加工仓库：加工仓库除存储商品外，还兼有挑选、整理、分级、包装等简单的加工功能，以适应消费市场的需要。目前，兼有加工功能的仓库是物流企业仓储服务发展的趋势。

中转仓库：中转仓库处于货物运输系统的中间环节，存放那些待转运的货物。这类仓库一般设在铁路、公路的场站和水路运输的港口码头附近。

零售仓库：零售仓库主要用于为商业零售业做短期储货，以供商店销售。在零售仓库中，存储的商品周转速度较快，而仓库规模较小，一般附属于零售企业。

储备仓库：储备仓库一般由国家设置，以保存国家应急的储备物资和战备物资。货物在这类仓库中存储的时间往往较长，并且为保证存储物资的质量须定期更新存储的物资。

保税仓库：保税仓库是指为满足国际贸易的需要，设置在一国国土以内、海关关境以外的仓库。外国货物可以免税进出这些仓库而无须办理海关申报手续。并且，经批准后，可在保税仓库内对货物进行加工、存储、包装和整理等业务。有时会划定更大的区域用作货物保税，这样的区域则可称为保税区。

(5) 按仓库中作业过程是否自动化，仓库可分为自动化仓库和传统仓库两种。常见的自动化仓库包括 AS/RS 仓、旋转货架仓、AGV（自动导航小车）仓等；常见的传统仓库包括平面仓、货架仓等。

3) 仓库的作用

以系统的观点来看待仓库，仓库应该具备以下作用。

(1) 存储和保管功能。仓库具有一定的空间，用于存储物品，并根据存储物品的特性配备相应的设备，以保持存储物品的完好性。例如，存储挥发性溶剂的仓库，必须配备通风设备，以防止空气中挥发性物质含量过高而引起爆炸。在仓库作业时，还有一个基本要求，就是防止搬运和堆放时碰坏、压坏物品，因而要求搬运机具和操作方法的不断改进和完善，使仓库真正起到存储和保管的作用。

(2) 调节供需的功能。创造物品的时间效用是物流的两大基本职能之一，物流的这一职能是由物流系统的仓库来完成的。现代化大生产的形式多种多样，从生产和消费的连续来看，每种产品都有不同的特点，有些产品的生产是均衡的，而消费是不均衡的，还有一些产品生产是不均衡的，而消费却是均衡不断地进行的。要使生产和消费协调起来，这就需要仓库来起"蓄水池"的调节作用。

(3) 调节货物运输能力。各种运输工具的运输能力是不一样的。船舶的运输能力很大，海运船一般是万吨级，内河船舶也有几百吨至几千吨的。火车的运输能力较小，每节车皮能装运 30 ~ 60 吨。汽车的运输能力很小，一般每辆车装 4 ~ 10 吨。对于不同运输工具运输能力的差异，通常通过仓库进行调节和衔接。

(4) 流通配送加工的功能。现代仓库的功能已处在由保管型向流通型转变的过程之中，即仓库由存储、保管货物的中心向流通、销售的中心转变。仓库不仅要有存储、保管货物的设备，而且还要增加分拣、配套、捆绑、流通加工、信息处理等设置。这样，既扩大了仓库的经营范围，提高了物质的综合利用率，又方便了消费，提高了服务质量。

(5) 信息传递功能。伴随着以上功能的改变，仓库对信息传递的要求也越来越高。在处理仓库活动有关的各项事务时，需要依靠计算机和互联网，通过电子数据交换 (EDI) 和条形码技术来提高仓储物品信息的传输速度，及时而又准确地了解仓储信息，如仓库利用水平、进出库的频率、仓库的运输情况、顾客的需求以及仓库人员的配置等。

2. 仓库中的物流作业

仓库中的物流作业流程如图 1.1.1 所示。

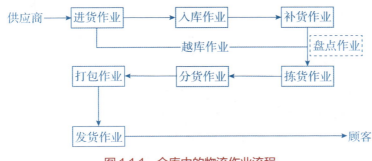

图 1.1.1　仓库中的物流作业流程

1) 进货作业

进货作业通常是仓储作业中的第一个环节。进货作业是把商品从货车上卸下，检查其数量和质量、将有关信息书面化等一系列的过程。进货作业的流程如图1.1.2所示。

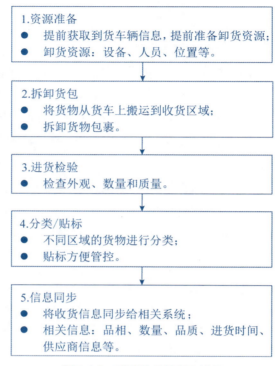

图 1.1.2　进货作业的基本流程

进货检验 (incoming quality control, IQC) 是进货作业中非常重要的环节，进货检验的方法如表1.1.1所示。

表 1.1.1　进货检验的方法

IQC方法	检验内容
目视检验	外观和数量
BC+HT	品项和数量
重量检验	称重来确认数量
视频摄影	检验视频确认完整性

2) 入库作业

入库作业是将货物放到库存预留区的作业，是配合未来出货需要预先将货品堆储而进行的必要库房管理作业。入库作业的基本流程如图1.1.3所示。

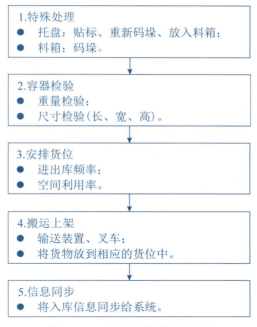

图 1.1.3　入库作业的基本流程

3) 补货作业

补货作业是商品从库存预留区转移到拣选区的过程。当仓库模式为存拣分离的时候，会有对应的补货任务。补货作业的目的是保证拣货区域有货可拣。

补货方式包括水平补货和竖直补货。水平补货是由货物保管区向零拣区进行补货；竖直补货是指一层为拣选区，货架二层以上为存储区，由上层货架向最底层货架补货。

补货作业会影响拣货作业的效率和准确性，因此需要考虑补货对拣货作业的干扰，通常有以下几种方法：一是拣货和补货分离；二是错开作业时间；三是同一种商品码放多个储位，避免干扰。

4) 拣货作业

拣货作业是根据客户订单的内容，将货物从仓库挑出的过程。常用的拣货方式包括订单式拣货、批量式拣货、混合式拣货、接力式拣货、汇整式拣货。

订单式拣货又称摘取式拣货，拣货员以"一张订单"为拣货单位，逐单完成拣货。优点是简单、直接，对订单回应能力强，无需任何前置处理；缺点是易走重复路线，即移动路线较长。订单式拣货适用于拣货品项重复度低的情景。

批量式拣货又称二次拣货、播种式拣货，是先将"多张订单"并为一个批量作为拣货单位，在储位取得并单后的总量，再根据各单内容分货。优点是避免走重复路线，缺点是对单一订单的回应能力较弱。批量式拣货适用各订单品项重复度高的情景。

5) 分货作业

分货作业是根据商品或包裹某些特有属性加以区分的作业过程。分货作业包括订单分播和包裹分拣，订单分播在拣选后发生，包裹分拣在打包后发生。

目前，仓库中的分货作业按作业方式可分为人工分货和自动分货两类。人工分货是指分货过程全部由人工完成，分货作业人员根据订单或其他方式传递过来的信息进行分货作业。分货完成后，由人工将各客户订购的商品放入已标示好的各区域或容器中，等待出货，并做出相应的统计，方便日后整理归纳。人工分货适用于包装形式复杂、量小的场景。

自动分货是利用自动化设备完成分货的一种方式，一般应用于自动化仓库，适用于量大、稳定的场景。仓库中常用的自动化分拣设备包括滑块式分拣机、炸弹仓分拣机、倾斜托盘分拣机和交叉带分拣机等。

6) 打包作业

打包作业是将顾客订单商品打包在一起的作业活动。打包作业的基本流程如图1.1.4所示。

图 1.1.4　打包作业的基本流程

打包包括两种情况：一是商品直接拣货至发货箱中，由打包员对其进行密封和贴标；二是商品按批量式拣选分货后的打包。这又包括两种情况：箱子中有多个单件订单送去打包，每个商品单独打包；箱子中有一个多件订单送去打包，多个商品一起打包。

7) 发货作业

发货作业是指打包后的货物搬运到相应的发货区域并装上发货车辆的作业。发货作业的基本流程如图1.1.5所示。

```
┌─────────────────────────────────────────────┐
│ 1.包裹堆垛                                     │
│ ● 将打包完成的包裹人工或自动码垛到发货容器中；    │
│ ● 常用容器：笼车和托盘等。                       │
└─────────────────────────────────────────────┘
                      ↓
┌─────────────────────────────────────────────┐
│ 2.缠膜固定                                     │
│ ● 将托盘整体进行缠膜，保证运输过程中的稳定性。     │
└─────────────────────────────────────────────┘
                      ↓
┌─────────────────────────────────────────────┐
│ 3.叉车搬运                                     │
│ ● 将待发货物用叉车搬运到相应的发货区域。          │
└─────────────────────────────────────────────┘
                      ↓
┌─────────────────────────────────────────────┐
│ 4.装货固定                                     │
│ ● 货物搬运至货车中并固定。                       │
└─────────────────────────────────────────────┘
```

图1.1.5 发货作业的基本流程

8) 越库作业

越库作业是指略过了入库作业，货物放在入库暂存区，可直接进行出库作业。越库作业的运用情景主要有两种：一是急迫性高，时效性需求高的物资，例如生鲜食品、新书杂志等；二是流通性高，进出货频繁的物资。

越库作业的分类包括接驳式越库(cross docking)、流过式越库(flow through)和整并式越库(merge in transit)。接驳式越库通常是整托进、整托出，即板进板出；流过式越库通常是整托进、按箱出，即板进箱出；整并式越库通常是仓库中的货与越库的货一起出。

越库作业实现了货物的快速流动，降低了库存成本。但是越库作业需要注意：越库作业的时间要求比较严格；越库作业要考虑运输成本；越库作业的效率受仓库布局(U型、直线型、L型等)影响。表1.1.2说明了不同布局方式的仓库越库的特点。

表1.1.2 不同布局方式的仓库越库的特点

布局方式	优点	缺点
U型布局	便于越库,利于安全防范	货物行走路线复杂,车辆易拥堵
L型布局	可以应对出入库高峰	仓库外车辆占用面积大,园区面积利用率低
I型布局	收发货月台多,中转效率高	
T型布局	出库需求大	

9) 盘点作业

盘点作业是指确认库存品的品质、数量是否与账面(如WMS)相符。仓库中的库存物资始终处于不断进、存、出的动态中，在作业过程中产生的误差经过一段时间的积累会使库存资料反映的数据与实际数据不符。盘点具有以下目的：检查实际库存数量；清查库房账面损益；发现货物管理中存在的问题；清除问题物品。

按清点方式区分，盘点方式包括开库盘点和闭库盘点；按盘点频率区分，盘点方式包括定期盘点、不定期盘点和连续盘点。

盘点作业的流程如图 1.1.6 所示。

图 1.1.6　盘点作业的流程

3. 仓库中常用的设备

仓库中常用的设备有很多，包括存储设备、搬运设备、分拣设备等。

1) 地堆

地堆 (如图 1.1.7 所示) 是指层层堆叠、无需货架的存储方式。地堆存储的特点是：无需货架、成本低、高度有限 (稳定性和易损性)、一行存储同一种 SKU(stock keeping unit，库存量单位)、进深深度一般不超过 6 个托盘、后进先出。适用场景：SKU 种类少但存量大；高吞吐量情境下，快速获取库存；非严格的先进先出。

2) 驶入式货架

驶入式货架 (如图 1.1.8 所示) 是可供叉车 (或带货叉的无人搬运车) 驶入通道存取货物的货架。其特点是：高度可达 10 ～ 11 米、后进先出 / 先进先出、叉车驶入货架内部存取托盘、一行存储同一种 SKU、进深深度一般为 6 个托盘位。适用场景：SKU 种类少但存量大；托盘存取速度低；对货物拣选要求不高；非严格的先入先出。

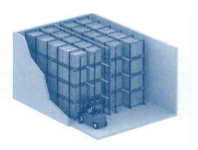

图 1.1.7　地堆

图 1.1.8　驶入式货架

3) 压入式货架

压入式货架 (如图 1.1.9 所示) 采用轨道和托盘小车相互嵌合的原理，轨道呈一定的坡度，利用货物的自重，后进托盘将先进托盘推入货架的底部。其特点是：货架一端进出，后进先出；一层存储同一种 SKU；进深深度一般为 3 ～ 6 个托盘位。适用场景：SKU 种类数较多，每种存量较低；存取速度较快；非严格的先进先出。

4) 穿梭板货架

穿梭板货架 (如图 1.1.10 所示) 的外围托盘货物由叉车倒运，内部托盘货物存取由穿梭板小车进行。其特点是：进深深度约 10 个托盘位；同端存取或者异端存取；先进先出或者后进先出；每层存储同一种 SKU。适用场景：SKU 种类数较多，每种存量较大；存取速度较快；先进先出或者后进先出。

图 1.1.9　压入式货架

图 1.1.10　穿梭板货架

5) 单进深货架

单进深货架 (如图 1.1.11 所示) 的特点是：每个托盘均可直接获得；先进先出；货架高度可调节。适用场景：SKU 种类多，但每种存量很少；SKU 流转速度快；严格的先进先出。

6) 双进深货架

双深度货架 (如图 1.1.12 所示) 是一种将货架设计成双排并列存放的货架类型。其特点是：每个托盘非可直接获得；后进先出。适用场景：SKU 种类多，但每种存量较少；SKU 流转速度快；非严格的先进先出。

图 1.1.11　单进深货架

图 1.1.12　双进深货架

7) 窄巷道货架

窄巷道货架（如图 1.1.13 所示）是指巷道比较狭窄的货架。其特点是：宽度约 1.8 米，甚至更窄；单进深，每个托盘可直接获得；配合窄巷道叉车，最大高度约 14 米；先进先出。适用场景：SKU 种类多，但每种存量较少；SKU 流转速度快；严格的先进先出。

8) 动力式货架

动力式货架（如图 1.1.14 所示）是巷道可压缩的货架。其特点是：单进深；先进先出；一次只能进一辆叉车（安全机制）。适用场景：流转速度低的 SKU；SKU 种类多，但存量少；严格的先进先出；尤其适用于冷藏场景。

图 1.1.13　窄巷道货架

图 1.1.14　动力式货架

9) 托盘流利式货架

托盘流利式货架（如图 1.1.15 所示）是采用辊轮铝合金、钣金等流利条，利用货物台架的自重，从一边通道存货，另一边通道取货的货架。其特点是：托盘靠输送机传输；一端补货，一端拣选；先进先出；每层存储一种 SKU；进深深度取决于输送机的长度。适用场景：SKU 种类数较多，每种存量较少；SKU 流转速度快；严格的先进先出。

10) 堆垛机 AS/RS 系统

AS/RS(automated storage and retrieval system，自动存取系统) 是指自动化仓储系统，由高层立体货架、堆垛机、输送系统、信息识别系统、计算机控制系统、通信系统、监控系统、管理系统等组成的自动化系统。其包括单进深堆垛机系统 (如图 1.1.16 所示)、双进深堆垛机系统 (如图 1.1.17 所示)、密集存储堆垛机系统 (如图 1.1.18 所示)。

图 1.1.15　托盘流利式货架

图 1.1.16　单进深堆垛机系统

图 1.1.17　双进深堆垛机系统

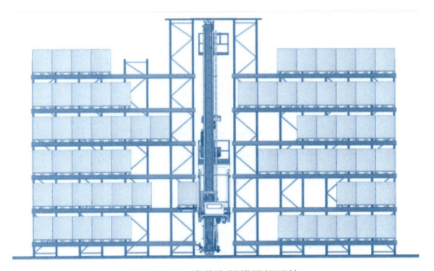

图 1.1.18　密集存储堆垛机系统

表 1.1.3 是不同的托盘存储形式的比较。

表 1.1.3　不同托盘存储形式的比较

存储形式	托盘可获得性	先进先出	货架成本低	地面拣选	运行速度
地堆存储	1	1	5	1	4
驶入式货架	1	1	2	1	3

（续表）

存储形式	托盘可获得性	先进先出	货架成本低	地面拣选	运行速度
穿梭板货架	1	1/5	1	1	3
压入式货架	2	1	1	1	3
单进深货架	5	5	3	5	4
双进深货架	2	1	3	2	3
窄巷道货架	5	5	3	2	4～5
动力式货架	5	5	1	1	1
托盘流利式货架	1	5	1	5	5
单进深堆垛机	5	5	3	1	5
双进深堆垛机	2	1	3	1	5
密集存储堆垛机	1	1	3	1	3

注：分值范围1～5；1.完全不具备该特性；2.不具备该特性；3.一般；4.适合该特性；5.完全适合该特性。

11) 四向穿梭车

四向穿梭车（如图1.1.19所示）是一款用于托盘类货物搬运的智能设备，小车可在交叉轨道上沿水平或者垂直方向运行，到达仓库任意位置，完成货物在货架内的水平移动和存取作业。其特点是：多进深；后进先出/先进先出；配合提升机使用。适用场景：SKU流转速度快；SKU种类较少，但存量较多；非严格的先进先出。

12) 子母车

子母车（如图1.1.20所示）是一种密集式自动存取仓储物流装置，母车牵引着一系列的子车在仓库的主干道上行驶，当到达某一个特定支道的时候，子车可以自动释放，然后自主运行到支道上进行作业。其特点是：子车和母车分别在垂直方向运行；多进深；后进先出/先进先出；配合提升机使用。适用场景：SKU流转速度快；SKU种类较少，但每种的存量较多；非严格的先进先出。

表1.1.4列出了不同仓储形式的对比参数。

图1.1.19　四向穿梭车

图1.1.20　子母车

表 1.1.4　不同仓储形式的对比参数

仓储形式 对比参数	AS/RS		穿梭板密集存储			货架＋叉车	
	单进深	双进深	堆垛机＋穿梭车	子母车	四向车	横梁货架	穿梭板
仓储密度	低	中	高	高	高	低	中高
系统密度	高	中	低	中高	中高	低	最低
SKU种类	高	中	低	低	低	低	低
自动程度	高	高	高	高	高	低	低
投资总额	高	中	中高	高	高	低	低
发展时间	长	较长	近期	近期	近期	悠久	近期

注：不同形式(比如双进深AS/RS与密集存储)有相同的适用场景，具体选择视行业特性与客户对相关设备的理解确定。

13) 自动导航小车 (AGV)

AGV(automated guided vehicle) 是自动导航小车，指装备有电磁或光学等自动引导装置，能够沿规定的引导路径行驶，具有安全保护以及各种移动载荷功能的运输车，AGV属于轮式移动机器人的范畴。

14) 输送线系统

输送线主要是完成物料的输送任务，可以用于点对点的货品搬运、货品分拣、货品短期缓存等。输送线包括重力式输送线和动力式输送线。

重力式输送线以输送物品本身的重力为动力，实现物品在倾斜面上滑动，主要用于货品的短距离运输，适用于楼层间或者装卸货场景。

动力式输送线主要用于货品的长距离运输，包含滚轮式、带式、板条式、链式、悬挂式输送线。滚轮式输送机由一系列滚轮组成，常用于装载单元，如托盘、料箱等的输送；带式输送机的皮带在支撑滚轮上运行，常用于输送更轻的装载单元，如纸箱；板条式输送机由水平的板条组成，常用于输送沉重的货品；链式输送机由水平的链条组成，常用于输送沉重的货品，或者在滚轮输送线中作为转向装置；悬挂式输送机是货品通过悬挂链输送，可用于仓库中的货品存储和分拣。动力式输送机如图 1.1.21 所示。

输送线的适用场景有：高吞吐量，固定输送路线，高频或持续的搬运活动，地面平整度低或者需要跨区操作。

输送线的劣势有：成本高，人员和车辆无法通行，柔性差。

滚轮式输送机

带式输送机

板条式输送机

链式输送机

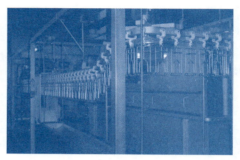

悬挂式输送机

图 1.1.21　动力式输送机

15) 旋转货架

旋转货架（如图 1.1.22 所示）设有电力驱动装置，货架沿着由两个直线段和两个曲线段组成的环形轨道运行。根据旋转方式不同，可分为垂直旋转式、水平旋转式。旋转货架的优点是：空间占用小；省人力；99.9% 的拣选准确率；拣选效率高；便于库存管理。表 1.1.5 为不同旋转货架的拣货比较。

垂直旋转货架

水平旋转货架

图 1.1.22　旋转货架

表 1.1.5　不同旋转货架的拣货比较

	水平旋转货架	垂直旋转货架
空间	高度低	宽度窄
拣选速度	高	低
成本	高	低

16) Miniloads

Miniloads(如图 1.1.23 所示) 是一种高频次、高效率拣选的堆垛机，适用于高速周转的料箱存储系统。其优点是：货品种类多；装载单元小；动态调整储位；料箱获取速度快；多系统互联。

17) A 字架

A 字架 (如图 1.1.24 所示) 是 A 字型自动分拣机。其特点是：边拣选边补货；拣选速度可调节；维修成本低；能快速安装和更换；使用灵活。

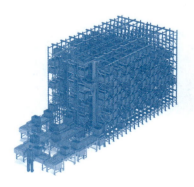

存储模块
拣选模块
订单汇集模块
控制模块

图 1.1.23　Miniloads　　　　　　图 1.1.24　A 字架

18) 分拣机

分拣机 (如图 1.1.25 所示) 是按照预先设定的计算机指令对物品进行分拣，并将分拣出的物品送达指定位置的机械，包括滑靴式、翻板式、交叉带式等形式。

滑靴式分拣机 (滑块式分拣机) 由金属条板或管子构成，如竹席状，而在每个条板或管子上有一枚用硬质材料制成的导向滑块，能沿条板做横向滑动。其特点是：适用于形状规整、硬度合理的纸箱和大箱；分拣过程温和；经久耐用，机械性能好；对货品损伤小；分拣效率达 4000 ～ 6000 件 / 小时；低噪声。

翻板式分拣机由一系列的板子组成，板子为铰接式结构，装载商品的板子行走到一定位置时，板子倾斜，将商品翻到旁边的滑道中。其特点是：分拣能力达 10000 ～ 15000 件 / 小时；分拣过程温和，不暴力；低磨损率；低维护成本；噪声小，模块化设计，安装灵活。

交叉带分拣机由主驱动带式输送机和载有小型带式输送机的台车 (简称"小车") 连接在一起，主驱动带式输送机与"小车"上的带式输送机呈交叉状，当"小车"移动到所规定的分拣位置时，转动皮带，完成把商品分拣送出的任务。其特点是：分拣能力达 12000 件 / 小时；用途广泛，分拣准确；安装灵活，场地要求低；适用于箱子、麻袋、手提袋、纸箱等物品的分拣；包裹可以从传送带的任意一侧进出。

滑靴式分拣机

翻板式分拣机

交叉带分拣机

图 1.1.25　分拣机

任务 2　仓储数据分析内容

● 任务描述

　　仓储过程中会产生大量的数据，如仓库物流作业、设施、设备和人员产生的相关数据。仓储管理人员有必要对这些数据进行分析以提升仓储的效率。那么，什么是仓储数据分析？仓储数据分析包括哪些方面？

● 任务分析

　　本任务主要包括仓储数据分析的概念以及内容、仓储运营数据分析的内容、仓储设备数据分析的内容。

● 相关知识

1. 仓储运营数据分析

　　数据分析是指用适当的统计分析方法对收集来的大量数据进行分析，对它们加以汇总、理解并消化，以求最大化地开发数据的功能，发挥数据的作用。数据分析是为了提取有用信息和形成结论而对数据加以详细研究和概括总结的过程。

仓储过程中会产生大量的数据，仓储数据包括仓库物流作业、设施、设备和人员产生的相关数据。我们有必要对这些数据进行分析。仓储数据分析包括仓储运营数据分析和仓储设备数据分析。

仓储运营数据分析是针对仓库的各类物流作业开展相关分析，以准确地反映仓储作业的特征。比如，仓储作业的效率：吞吐量、收发货时间、物品及时验收率、库存物品周转率和仓库作业效率等；仓储作业的质量：货损货差率、设备完好率、保管损耗率、财务差异率和收发货差错率等；仓储作业设施设备利用程度：库容利用率、单位面积存储量、仓容利用率和设备利用率等。

从物流作业的角度划分，仓储运营数据分析内容包括：进货作业分析、入库作业分析、存储作业分析、盘点作业分析、拣货作业分析、分货作业分析等。

1) 进货作业分析

根据进货作业的主要流程，进货作业分析主要包括供货商及时性分析、卸货分析和验收分析。

供应商及时性分析是对供应商供货情况及时性的分析。对供应商及时性进行分析，有助于企业了解供应商供货的及时性，避免供货不及时对后续生产或履约造成影响。

卸货分析包括卸货总量分析、卸货效率分析与卸货月台使用情况分析。卸货的总量代表了卸货作业的工作量，也代表了进入仓库的物品总量。对卸货效率的分析能帮助企业提高效率、降低成本、改善服务和提高经济效益等。卸货月台使用情况分析有助于判断月台分配是否合理，可以基于实时数据，配合人员、卸货设备等其他资源信息，为新来货车分配月台。

验收分析包括验收总量分析、验收效率分析和验收差异分析。验收总量是指规定时间内，完成验收（检查货物的质量和数量）的任务总量。验收效率同卸货效率一样，可以分别从时间和能力两方面来考虑。验收差异分析是指对验收过程中货物存在的差异情况进行统计，帮助企业对验收情况进行监控。

2) 入库作业分析

入库作业分析主要包含入库一般性分析、入库效率及影响因素分析。

入库一般性分析主要包括入库总量分析、入库总量的趋势分析和入库货位差异的分析。入库总量是构成仓库吞吐量的重要组成部分，结合仓库出入库总量的分析，可以了解仓库内的货物流转情况。对入库总量进行趋势分析，有助于分析入库是否存在季节性，协助企业在特殊季节及时增加或调整生产资源。入库货位差异可能是由于货物信息维护不准确或货物码放存在问题等原因造成的。对入库货位差异进行分析，有助于推动仓库内资源和信息应用的合理化。

总体入库效率可以反映仓库单位时间内完成入库任务的能力。对入库效率及影响因素进行分析可以了解影响入库效率的因素，辅助仓库开展入库效率提升工作。

3) 存储作业分析

存储作业分析是采用适宜的工具、方法，对库存总量和结构进行分析，主要包括整体分析、结构分析和布局分析。

库存整体分析指标可以综合评价库存状态，包括总量、结构、利用率和周转速度4部分。库存整体分析可以了解库存现状，保证库存总量维持在合适的水平，以低库存成本实现高客户服务水平。

库存结构会直接或间接影响仓储作业其他环节的效率。库存结构分析可以帮助库存分区合理化，提高仓库空间利用率，降低库存管理成本。

商品布局分析可以优化商品布局，减少搬运距离，增加单次出库的商品数量，提高出库效率。

4) 盘点作业分析

盘点作业是一项确认库存品的品质、数量是否与账面（如 WMS）相符的作业活动，主要包括盘点整体分析和盘点差异分析。

盘点整体分析包括盘点抽样练习和盘点工作量统计。盘点整体分析可以科学有效地开展盘点工作，保证库存的质量和准确性；定量评估盘点工作量，灵活配置盘点作业人员的数量。

盘点差异分析可以从总量、结构和准确率三个维度进行。盘点差异分析可以找出产生库存差错的原因，改善和健全库存管理制度，减少误差出现的频次。

5) 拣货作业分析

拣货作业分析包括拣货订单分析、拣货整体分析和拣货效率及影响因素分析。

通过拣货订单分析，我们可以了解每种商品出库分布情况，作为确定商品存储、拣货、分类方式的参考。

通过拣货整体分析，并且结合入库总量，我们可以了解仓库内的货物流转情况，保持仓库出入均衡；掌握仓库出库规律，合理配置或调整仓库的出库资源。

自动化仓库的拣货效率由搬运效率和拣选效率两部分组成。掌握影响拣货效率的因素，可以辅助仓库开展出库效率提升工作。

6) 分货作业分析

分货作业分析包括分货整体分析、分货细部分析和重投包裹分析。

通过分货整体分析，我们可以了解仓库分货现状及变化规律，辅助仓库管理者合理制订生产计划，安排生产资源，改进资源配置和布局，提高仓库分货能力。

通过分货细部作业分析，我们可以发现效率低下的关键环节，优化分货作业流程。

通过重投包裹分析，我们可以降低重投包裹数量，减少资源的浪费，保证交付物品的品质，提升订单履约水平。

2. 仓储设备数据分析

仓储设备数据分析的对象是仓库的各类自动化设备，具体分析内容包含以下三类。

1) 设备性能分析

设备性能分析包括设备的动作执行时间描述统计计算、设备的动作执行时间频率分布直方图、设备的动作执行时间核密度估计拟合。设备性能分析旨在通过分析自动化设备的行为数据，获取设备在仓库实际运行中的性能参数，如速度（顶升、转弯、直行）、加速度、充电等。其分析结果，一方面反馈给产品研发部门，帮助他们制订产品改进计划，并实施新产品创新；另一方面可以作为仿真数据入参，使仿真结果更贴近真实的仓库表现。

2) 设备异常分析

设备异常指设备的某些零件失去原有的精度或性能，使设备不能正常运行、技术性能降低，致使设备中断生产或效率降低而影响生产。设备异常分析包括设备综合分析和设备异常原因分析。设备异常分析旨在分析自动化设备的异常数据，辅助设备异常的定位和解决，保证仓库正常有序运营。

3) 设备可靠性分析

设备的可靠性是指设备在给定时间内、给定条件下完成所需功能而不出现失效的概率。设备可靠性分析旨在通过自动化设备全生命周期的运行数据，评估设备在时间维度上的质量，开展产品故障诊断与预测，制订合适的设备维修策略，以延长设备的使用寿命。

任务 3   数据分析在仓储中的作用

● 任务描述

数据分析在仓储中发挥着很大的作用，比如可提升仓库物流作业效率、降低仓库成本等，所以有必要学习仓储数据分析。

● 任务分析

本任务主要介绍数据分析在仓储中的作用。

●相关知识

仓储数据分析作为工业大数据分析的重要组成部分，正在给仓储行业带来深刻的变革。数据分析在仓储中的作用主要包括以下 4 个方面。

1. 提升仓库物流作业效率

仓储运营数据分析包括卸货效率、入库效率、拣货效率及影响因素分析，通过这些方面的分析，可以了解影响仓库运营效率的因素，辅助仓库提升物流作业效率。

例如，某 AGV 仓为了确定拣选时长的影响因素，提高工作人员的拣选效率，根据广义可加模型 (GAM) 构建变量之间的非线性关系：

$$y_i = \beta_0 + s(\text{qty}_i) + s(\text{volume}_i) + s(\text{weight}_i) + s(\text{shelf}_i) + \varepsilon_i$$

其中 $s(\ )$ 为光滑样条函数，可依次代表单件拣选时长，单次拣选同种件数、体积、重量以及所处货架层数。

利用多元线性回归进行拣货时长影响因素的分析，确定了 SKU 重量、体积、件数以及所处货架层数为拣选时长的影响因素，从而量化了各因素对拣选时长的影响效果。最终以改进 AGV 仓的品类规划、优化商品布局和改进货架设计来影响 SKU 重量、体积、件数以及所处货架层数，提高工作人员拣选效率约 20%。

2. 加速自动化设备创新

仓储数据分析可以加速自动化设备创新。例如，公司在全国多个城市对仓库设备上线了新功能，为了评估设备的新功能效果，明确新功能的有效性，对各仓库的出库、回库耗时降幅进行了比较，如图 1.3.1 所示。

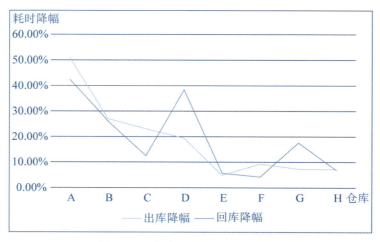

图 1.3.1　仓库出库、回库耗时降幅

可以得出如下结论：

(1) 从出库到工作站搬运耗时：平均降低 26.10%，最高降低 50.91%；

(2) 从回库到储位搬运耗时：平均降低 17.14%，最高降低 42.49%；

(3) 本次上线的功能可以有效缩短出库和回库耗时。

3. 提高订单履约能力和水平，降低仓库成本

仓储数据分析可以提高订单履约能力和水平、降低仓库成本。例如，为了研究无人仓 AGV、工作站的最优数量配置，使其既能达到目标拣选件数，保证不会挂单，又不会造成资源浪费，采用了 C-D 生产函数、岭回归模型、情景分析等方法，建立了无人仓拣选件数与 AGV 小车、工作站之间的关系模型。根据该模型可测算出日常及大促场景下仓库应配置的出库工作站、执行出库任务的 AGV 小车数量，从而保证了生产的顺利进行，同时小车利用率提升约 30%，有效减少工作站数量约 20%，控制了生产成本。

4. 提高设备可靠性，延长设备寿命

仓储数据分析包括设备可靠性分析，设备可靠性分析旨在通过自动化设备全生命周期的运行数据，评估设备在时间维度上的质量，开展产品故障诊断与预测，制订合适的设备维修策略，以延长设备的使用寿命。

例如，为了获得地狼 AGV 的可靠性数据，明确地狼 AGV 的失效机理，制订各项失效预防措施，选取了 6 个月的地狼仓库中地狼 AGV 的实际运营数据，计算地狼仓中地狼 AGV 的可靠性指标，从而依据可靠性指标制订了仓库的巡检计划，使地狼 AGV 的平均无故障运行时长提升了 30%。

1

第 2 单元

入库分析

【内容概览】

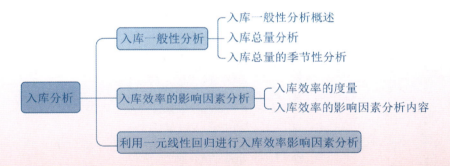

【知识目标】

1. 掌握入库一般性分析的主要内容；

2. 掌握入库总量季节性分析的方法；

3. 熟悉影响入库效率的因素；

4. 掌握一元线性回归分析方法的原理及应用步骤。

【技能目标】

1. 利用 Excel 对入库总量进行趋势分析；

2. 掌握散点图的绘制方法，并通过 Excel 计算相关系数来分析各影响因素与入库效率的关系强度；

3. 熟练利用 Excel 或 SPSS 拟合一元线性回归模型，并对模型检验结果进行解读。

【职业目标】

1. 胜任物流、仓库、配送中心等部门收货验收岗位；

2. 胜任仓储数据统计、分析与大数据处理岗位；

3. 能处理与收货、卸货、验收相关的工作与业务；

4. 养成细致、认真的数据分析与处理习惯；

5. 培养数据安全的意识。

任务 1　入库一般性分析

●任务描述

　　仓库每日的入库总量不一定均衡，可能存在某些时间的入库总量明显较大。表 2.1.1 是某仓库 2013 年至 2019 年每个季度的入库总量表，试分析其入库是否存在季节性。

表 2.1.1　某仓库 2013—2019 年各季度入库总量

	第一季度	第二季度	第三季度	第四季度	总计
2013 年	297066	331513	346530	382181	1357290
2014 年	321187	356869	372646	413227	1463929
2015 年	346411	383845	402186	445065	1577507
2016 年	371947	412554	430859	477223	1692583
2017 年	397884	441358	460399	509734	1809375
2018 年	483778	539254	565323	617711	2206066
2019 年	517382	576472	604046	659410	2357310
合计	2735655	3041865	3181989	3504551	12464060

●任务分析

　　要分析入库总量是否有季节性，需要了解季节性指数的含义，并且掌握季节性指数的计算方法。

●相关知识

1. 入库一般性分析概述

　　入库一般性分析主要包括入库总量分析、入库总量的趋势分析和入库货位差异的分析。

1) 入库总量分析概述

　　入库总量是仓库吞吐量的重要组成部分，对仓库出入库总量的分析可以帮助了解仓库内的货物流转情况。一般情况下，仓库每日的出入库总量应是近似相等的。若仓库内的入库总量总是多于出库总量，则容易导致货物积压；若仓库内的出库总量总是多于入库总量，则有可能会出现货物短缺的现象。

2) 入库总量的趋势分析概述

仓库每日的入库总量不一定均衡，可能存在某些时间的入库总量明显较大。对入库总量进行趋势分析，有助于分析入库是否存在季节性，协助企业在特殊季节及时增加或调整生产资源。

3) 入库货位差异的分析概述

通常情况下，为了保证合理利用仓库空间、保证作业效率，都会为待入库货物提供推荐的货位。但在某些情况下，推荐的位置不足以放下货物，最终会人为将货物放到某一储位，由此产生了入库货位差异，即实际入库货位与推荐货位存在差异。

入库货位差异可能是货物信息维护不准确或货物码放存在问题等原因造成的。针对每一个推荐货位，统计入库货位差异的频次，即可得到每个推荐货位的差异频次，对差异频次多的货位应及时进行分析和处理。对入库货位差异进行分析，有助于推动仓库内资源和信息的合理化。

2. 入库总量分析

入库总量是指规定的时间内，完成入库作业任务的总量。入库总量可用入库件数、入库商品品项数和入库总体积等来度量。入库总量和出库总量的总和是仓库的吞吐量，代表了仓库的吞吐能力。

入库总量可以采用描述性统计量来分析。描述性统计包括数据的位置度量（平均值、众数、中位数、分位数等）、分散程度（方差、标准差、变异数）和分布形状（偏度系数、峰度系数）的度量。

表 2.1.2 是根据入库任务明细数据，利用数据透视表，统计的某仓库每日入库总品项数和入库总件数的位置度量数据。

表 2.1.2　某仓库入库总量的位置度量数据

统计量	每日入库总品项数	每日入库总件数
最小值	1024	8486
下四分位数	2080	22805.25
中位数	2673	30651.5
平均值	2655.13	32268.73
上四分位数	3253.75	41806.25
最大值	4431	54363

最小值即为入库总量的最小值；最大值即为入库总量的最大值；中位数又称中值，是按顺序排列的入库总量数据中居于中间位置的数；平均值是表示一组数据集中趋势的量数，是指在入库总量数据中所有数据之和再除以这组数据的个数。

下四分位数等于该样本中所有数值由小到大排列后处于 25% 位置的数字。上四分位数等于该样本中所有数值由小到大排列后处于 75% 位置的数字。

以每日入库总件数为例，可以看出该仓库平均每日入库 32269 件货物，其中入库量最少的一天入库 8486 件，最多的一天入库 54363 件，其中有一半的天数入库总量在 22805 件和 41806 件之间。

3. 入库总量的季节性分析

1) 时间序列

时间序列是同一现象在不同时间上的相继观察值排列而成的序列。根据观察时间的不同，时间序列中的时间可以是年份、季度、月份或其他任何时间形式。

时间序列数据用于描述现象随时间发展变化的特征，可以通过绘制折线图（简称线图）来反映这一特征。入库件数的折线图如图 2.1.1 所示。

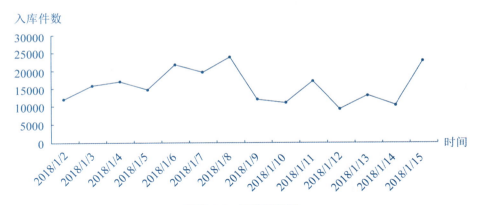

图 2.1.1　折线图示例

时间序列可以分为平稳时间序列和非平稳时间序列。几种常见的时间序列如图 2.1.2 所示。

平稳时间序列是基本上不存在趋势的序列。这类序列中的各观察值基本上在某个固定的水平上波动，虽然在不同的时间段波动的程度不同，但并不存在某种规律，波动可以看成是随机的。

非平稳时间序列是包含趋势、季节性或周期性的序列，它可能只包含其中一个部分，也可能含有几种成分。

趋势是时间序列在长期呈现出来的某种持续上升或下降的趋势。时间趋势可以是线性的，也可以是非线性的。

季节性 (seasonality) 是时间序列在一年内重复出现的周期性波动。

周期性 (cyclicity) 是时间序列中围绕长期趋势的一种波浪形或振荡式变动。

不规则变动 (irregular variations) 是除去趋势、季节性和周期性之后的偶然性波动。

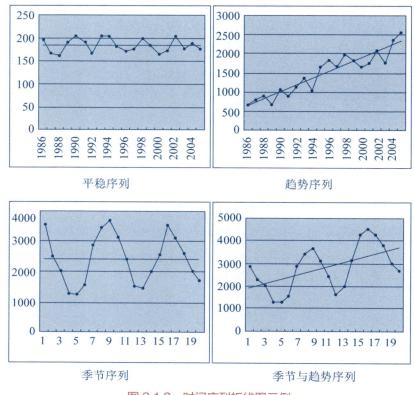

图 2.1.2　时间序列折线图示例

2) 季节指数法

季节变动是指某些参量在一年内随着季节的转变而呈现出的周期性变动。如某些农产品的产量或某些商品的销量，因季节更替而有淡季和旺季之分。季节变动的特点有：一是季节变动每年重复进行；二是季节变动按照一定的周期进行；三是每个周期变化强度大体相同。

季节变动分析的方法包括不考虑长期趋势的季节指数法和考虑长期趋势的回归方程消除法。通过季节变动的分析，可以发现季节变动规律，配合适当的季节模型，结合长期趋势进行预测。季节性指数计算方法为：

$$季节性指数 = \frac{同季平均数}{总平均数} \times 100\%$$

季节性指数的计算非常简单，但需要注意这种计算方法有两个缺陷：第一，当序列长期趋势特征非常明显时，应用该方法得到结果的准确性会大打折扣。第二，季节比率的高低受各年数值大小的影响，数值大的年份，对季节比率的影响较大；数值小的年份，对季节比率的影响较小。

对此，可以通过将各年的入库总量转化为相对数后再进行平均的方法来改进。例如，根据表 2.1.1，将 2019 年各季度入库总量转化为相对数，转化步骤如下所示。

首先，计算本年各季度的平均数为：

$$平均数 = \frac{2357310}{4} = 589327.5$$

然后，分别计算各季度的相对数，第一季度为：

$$\frac{517382}{589327.5} \times 100\% = 29.26\%$$

这样，将表中所有数据转化为相对数，再利用上述方法求出季节比率即可。

3) 回归方程消除法

对于具有明显趋势的时间序列，应用季节指数得到结果的准确性会大打折扣。为此，必须消除长期趋势的影响，以便更准确地反映现象随季节变动的特征，可以采用回归方程消除法消除长期趋势的影响。

相关分析的目的在于测度变量之间的关系强度，而回归分析则侧重考查变量之间的数量关系，并通过一定的数学表达式将这种关系描述出来，进而确定一个或几个变量的变化对另一个特定变量的影响程度。

具有线性关系的两个变量，可以用一个线性方程来表示它们之间的关系，描述因变量 y 如何依赖于自变量 x 和误差项 ε 的方程称为回归模型。只涉及一个自变量的一元线性回归模型可表示为：

$$y = a + bx + \varepsilon$$

在一元线性回归模型中，y 是 x 的线性函数 $a+bx$ 加上误差项 ε，a 和 b 称为模型的参数。$a+bx$ 反映了由于 x 的变化而引起的 y 的线性变化；ε 是被称为误差项的随机变量，反映了除 x 和 y 之间的线性关系之外的随机因素对 y 的影响，是不能由 x 和 y 之间的线性关系所解释的变异性。误差项 ε 是一个独立的服从正态分布的随机变量，即 $\varepsilon \sim N(0, \sigma^2)$。

取 x 的 n 个不全相同的值 $x_1, x_2, ..., x_n$ 做独立试验，得到样本 $(x_1, y_1), (x_2, y_2), ..., (x_n, y_n)$。为了使回归模型尽可能反映 x, y 之间的真实关系，我们通过最小化误差的平方和的方法（即最小二乘法，使因变量的观测值 y 与估计值间的离差平方和达到最小）来寻找最佳函数匹配，即估计未知参数 a 和 b 的值。根据最小二乘法，$Q(a,b) = \sum (y_i - a - bx_i)^2$ 最小。取 Q 分别关于 a,b 的偏导数，并令它们等于 0：

$$\frac{\partial Q}{\partial a} = -2\sum_{i=1}^{n}(y_i - a - bx_i) = 0$$

$$\frac{\partial Q}{\partial b} = -2\sum_{i=1}^{n}(y_i - a - bx_i)x_i = 0$$

解得：

$$\hat{b} = \frac{n\sum_{i=1}^{n}x_iy_i - \sum_{i=1}^{n}x_i\sum_{i=1}^{n}y_i}{n\sum_{i=1}^{n}x_i^2 - \left(\sum_{i=1}^{n}x_i\right)^2} = \frac{\sum_{i=1}^{n}(x_i - \overline{x})(y_i - \overline{y})}{\sum_{i=1}^{n}(x_i - \overline{x})^2}$$

$$\hat{a} = \frac{1}{n}\sum_{i=1}^{n}y_i - \frac{\hat{b}}{n}\sum_{i=1}^{n}x_i = \overline{y} - \hat{b}\overline{x}$$

回归分析的计算量较大，建议采用 Excel 和 SPSS 进行计算。

根据样本数据拟合回归方程时，实际上已经假定变量 x 和 y 之间存在着线性关系，即 $y = a + bx + \varepsilon$，并假定误差项是一个服从正态分布的随机变量，且对不同的 x 具有相同的方差，但这些假设是否成立，需要通过检验来证实。

回归系数的显著性检验是要检验自变量对因变量的影响是否显著，即检验回归系数 b 是否等于 0。若 y 与 x 存在线性关系，则 b 不应等于 0，因为若 $b=0$，则 y 不依赖于 x。因此，提出检验假设：

$$H_0 : b = 0; H_1 : b \neq 0$$

构造 t 统计量：

$$t = \frac{\hat{b} - b}{\hat{\sigma}}\sqrt{S_{xx}} \sim t(n-2)$$

$$S_{xx} = \sum_{i=1}^{n}(x_i - \overline{x})^2$$

当 H_0 为真时，$b=0$，此时

$t = \frac{\hat{b}}{\hat{\sigma}}\sqrt{S_{xx}} \sim t(n-2)$ 且 $E(\hat{b}) = b = 0$，即得 H_0 的拒绝域为 $|t| \geqslant t_{\alpha/2}(n-2)$。

线性关系检验是检验自变量 x 和因变量 y 之间的线性关系是否显著，或者说它们之间能否用一个线性模型 $y = a + bx + \varepsilon$ 表示。为检验两个变量之间的线性关系是否显著，构造 F 统计量。

提出假设：

$$H_0 : b = 0; H_1 : b \neq 0$$

当 H_0 为真时，统计量

$$F = \frac{\hat{b}^2}{\hat{\sigma}^2}\sqrt{S_{xx}} \sim F(1, n-2)$$

对于给定的显著性水平 α，检验的拒绝域为：

$$F \geqslant F_\alpha(1, n-2)$$

回归直线与各观测点的接近程度称为回归直线对数据的拟合优度。为说明直线的拟合优度，需要计算判定系数。判定系数是对估计的回归方程拟合优度的度量。

判定系数 (coefficient of detemination) 是回归平方和 (SSR) 占总平方和 (SST) 的比例，记为 R^2。

$$R^2 = \frac{SSR}{SST} = \frac{\sum(\hat{y}_i - \bar{y})^2}{\sum(y_i - \bar{y})^2}$$

R^2 的取值范围为 [0，1]，R^2 越接近 1，表明回归直线的拟合程度越好。

回归方程消除法的步骤如下：

(1) 利用 Excel 拟合入库总量对时间的一元线性回归方程；

(2) 计算实际入库总量与入库总量拟合值的比值；

(3) 计算各年的季节指数 (方法与季节比率法相同)。

●任务准备

准备计算机、Excel、计算器、纸、笔等基本工具。

●任务实施

1. 绘制入库总量的折线图

根据表 2.1.1 绘制入库总量的折线图，如图 2.1.3 所示。由图可知，入库总量数据既含有季节成分，也含有上升趋势。每一年的入库总量存在季节性波动，第一季度入库量最小，第四季度入库量最大，多年的季节趋势基本一致，而且入库总量整体呈稳定增长趋势。

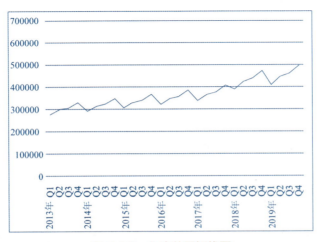

图 2.1.3　入库总量折线图

2. 计算季节性指数

计算季节性指数步骤如下：

(1) 计算各年相同季度的平均数；

(2) 计算各年季节总平均数；

(3) 求各季度季节比率（季节性指数）；

$$季节比率=\frac{同季平均数}{总平均数}\times100\%$$

结果如表 2.1.3 所示。

表 2.1.3　某仓库季节性指数的计算结果

	第一季度	第二季度	第三季度	第四季度	总计
2013 年	297066	331513	346530	382181	1357290
2014 年	321187	356869	372646	413227	1463929
2015 年	346411	383845	402186	445065	1577507
2016 年	371947	412554	430859	477223	1692583
2017 年	397884	441358	460399	509734	1809375
2018 年	483778	539254	565323	617711	2206066
2019 年	517382	576472	604046	659410	2357310
合计	2735655	3041865	3181989	3504551	12464060
季节平均数	390808	434552	454570	500650	445145
季节比率(%)	87.79	97.62	102.12	112.47	–

例如，第一季度的季节比率 = (390808/445145) × 100% ≈ 87.79%。

计算结果表明：第一、二季度季节指数小于 100%，这意味着第一、二季度是入库量相对较少的季节；第三季度和第四季度的季节指数均大于 100%，说明第三、四季度入库量较高；而且第一季度到第四季度的季节性指数越来越大。仓库需要据此合理安排人员。

3. 利用回归方程消除法进行季节性分析

1) 根据数据特征，建立对应分析的新时间序列

对表 2.1.1 原数据进行处理，注意时间因素需按每年 4 个季度从 1 按顺序排到 28。

2) 利用 Excel 进行一元线性回归分析

(1) 单击"数据"，并单击"数据分析"选项，如图 2.1.4 所示。

(2) 在分析工具中选择"回归"，单击"确定"，如图 2.1.5 所示。

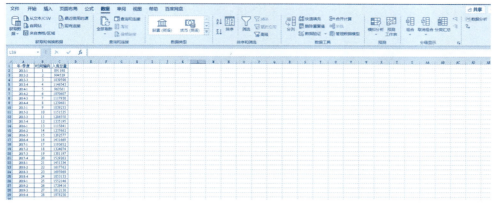

图 2.1.4　应用 Excel 计算步骤 1

图 2.1.5　应用 Excel 计算步骤 2

（3）在新对话框的"Y 值输入区域"，选择 C2:C29 区域，在"X 值输入区域"，选择 B2:B29 区域，在"输出选项"选择计算结果的输出指定位置，最后单击右上角的"确定"，如图 2.1.6 所示。

图 2.1.6　应用 Excel 计算步骤 3

(4) 在指定的输出位置，出现回归分析结果，如图 2.1.7 所示。

SUMMARY OUTPUT					
回归统计					
Multiple I	0.9292				
R Square	0.86342				
Adjusted	0.85816				
标准误差	109976				
观测值	28				
方差分析					
	df	SS	MS	F	gnificance F
回归分析	1	1.98786E+12	1.98786E+12	164.358	9.5E-13
残差	26	3.14463E+11	12094711775		
总计	27	2.30233E+12			

	Coefficient	标准误差	t Stat	P-value	Lower 95%	Upper 95%	下限 95.0%	上限 95.0%
Intercept	857144	42706.03873	20.07079598	2.4E-17	769361	944928	769361	944928
X Variabl	32985.6	2572.933064	12.820222	9.5E-13	27696.8	38274.3	27696.8	38274.3

图 2.1.7　应用 Excel 回归分析结果

根据图 2.1.7，得到如下结果。

线性回归模型：$y_t = 857144 + 32985.6t$

从 Excel 的输出结果中可见，$R^2 = 0.86342$，说明建立的方程拟合度较高。模型系数的 P 值均小于 0.05，均可通过检验。

t 检验：模型系数的 t 检验值为 12.82（P 值小于 0.01），检验结果拒绝原假设，说明模型系数具有显著性，自变量与因变量之间存在线性关系。

F 检验：模型检验的 F 值为 164.36（P 值小于 0.01），说明模型整体具有显著性。

3) 计算实际入库总量与入库总量拟合值的比值

利用线性回归方程计算出入库总量的拟合值，然后计算入库总量与入库总量拟合值的比值，如表 2.1.4 所示。

表 2.1.4　入库总量与入库总量拟合值的比值

年-季度	入库总量	入库总量拟合值	比值
2013-1	891198	890129.6	100.12
2013-2	994539	923115.2	107.74
2013-3	1039590	956100.8	108.73
2013-4	1146543	989086.4	115.92
2014-1	963561	1022072	94.28
2014-2	1070607	1055058	101.47
2014-3	1117938	1088043	102.75
2014-4	1239681	1121029	110.58
2015-1	1039233	1154014	90.05
2015-2	1151535	1187000	97.01
2015-3	1206558	1219986	98.90

年－季度	入库总量	入库总量拟合值	比值
2015-4	1335195	1252971	106.56
2016-1	1115841	1285957	86.77
2016-2	1237662	1318942	93.84
2016-3	1292577	1351928	95.61
2016-4	1431669	1384914	103.38
2017-1	1193652	1417899	84.18
2017-2	1324074	1450885	91.26
2017-3	1381197	1483870	93.08
2017-4	1529202	1516856	100.81
2018-1	1451334	1549842	93.64
2018-2	1617762	1582827	102.21
2018-3	1695969	1615813	104.96
2018-4	1853133	1648798	112.39
2019-1	1552146	1681784	92.29
2019-2	1729416	1714770	100.85
2019-3	1812138	1747755	103.68
2019-4	1978230	1780741	111.09

4) 计算各年的季节性指数

入库总量季节性指数的计算结果如表 2.1.5 所示。

表 2.1.5　入库总量季节性指数的计算结果

	第一季度	第二季度	第三季度	第四季度	总计
2013 年	100.12	107.74	108.73	115.92	432.51
2014 年	94.28	101.47	102.75	110.58	409.08
2015 年	90.05	97.01	98.90	106.56	392.52
2016 年	86.77	93.84	95.61	103.38	379.6
2017 年	84.18	91.26	93.08	100.81	369.33
2018 年	93.64	102.21	104.96	112.39	413.2
2019 年	92.29	100.85	103.68	111.09	407.91
平均数	91.62	99.20	101.10	108.68	100.15
季节比率(%)	91.48	99.05	100.95	108.51	

从表中可知：第一、二季度季节指数小于 100%，这意味着第一、二季度是入库量相对较少的季节；第三季度和第四季度的季节指数均大于 100%，说明第三、四季度入库量

较高；而且，第一季度到第四季度的季节性指数越来越大。结论与季节性指数法一致。

●问题管理

季节性指数的计算非常简单，但需要注意计算方法缺陷的处理：回归方程消除法中回归方程的拟合稍复杂，一定要学会利用 Excel 辅助计算。

●任务小结

本任务主要介绍了两种入库总量季节性分析的方法，即季节指数法和回归方程消除法，任务相对简单。

任务 2　入库效率的影响因素分析

●任务描述

表 2.2.1 是某仓库 2019 年 10 月的入库数据，请问单小时入库件数是否与每货位入库件数、每入库货品体积等因素有关？如果有关系，它们之间是什么样的关系？关系强度如何？

表 2.2.1　某仓库 2019 年 10 月入库数据

时间	每货位入库件数	每入库货品体积	单小时入库件数
2019-10-01	14	739	362
2019-10-02	17	682	412
2019-10-03	25	618	638
2019-10-04	22	633	583
2019-10-05	22	642	552
2019-10-06	21	671	517
2019-10-07	24	623	620
2019-10-08	26	643	677
2019-10-09	21	648	532
2019-10-10	34	596	772
2019-10-11	22	631	592
2019-10-12	26	626	673
2019-10-13	25	672	581

时间	每货位入库件数	每入库货品体积	单小时入库件数
2019-10-14	31	597	771
2019-10-15	22	657	567
2019-10-16	43	527	956
2019-10-17	36	547	887
2019-10-18	26	604	686
2019-10-19	35	573	910
2019-10-20	37	572	914
2019-10-21	69	329	1649
2019-10-22	21	648	531
2019-10-23	25	631	655
2019-10-24	78	325	1695
2019-10-25	66	350	1575
2019-10-26	92	159	2258
2019-10-27	77	332	1672
2019-10-28	39	568	869
2019-10-29	28	619	694
2019-10-30	30	610	727
2019-10-31	37	561	835

●任务分析

　　要分析单小时入库件数是否与每货位入库件数、每入库货品体积等因素有关，可以绘制散点图；要分析关系强度如何，则需要计算相关系数。

●相关知识

1. 入库效率的度量

1) 入库效率的定义

　　总体入库效率可以反映仓库单位时间内完成入库任务的能力。入库效率可以从仓库整体和单个生产单元两个方面进行考虑。从仓库整体角度考虑，可以用平均每小时入库件数、平均每小时入库体积来衡量；从单个生产单元考虑，可以用平均每工作站每小时入库件数和平均每工作站每小时入库体积衡量。

2) 入库效率的计算公式

平均每小时入库件数、平均每小时入库体积的计算公式：

$$平均每小时入库件数 = \frac{入库总件数}{入库小时数}$$

$$平均每小时入库体积 = \frac{入库总体积}{入库小时数}$$

平均每工作站每小时入库件数和平均每工作站每小时入库体积的计算公式：

$$平均每工作站每小时入库件数 = \frac{入库总件数}{每工作站入库小时数总和}$$

$$平均每工作站每小时入库体积 = \frac{入库总体积}{每工作站入库小时数总和}$$

2. 入库效率的影响因素分析内容

1) 变量间的关系

在生产与经营活动中，经常需要对变量之间的关系进行分析。人们在实践中发现，变量之间的关系可分为两种类型，即函数关系和相关关系。函数关系是一一对应的确定关系。但在实际问题中，变量之间的关系往往不那么简单，变量之间存在的不确定的数量关系称为相关关系。

相关分析就是对两个变量之间线性关系的描述和度量，它要解决的问题包括：

(1) 变量之间是否存在关系？

(2) 如果存在关系，它们之间是什么样的关系？

(3) 变量之间的关系强度如何？

为解决这些问题，在进行相关分析时，对总体主要有以下两个假定：

(1) 两个变量之间是线性关系；

(2) 两个变量都是随机变量。

在进行相关分析时，首先需要绘制散点图来判断变量之间的关系形态。如果是线性关系，则可以利用相关系数来测度两个变量之间的关系强度。通过散点图可以判断两个变量之间有无相关关系，并对变量间的关系形态做出大致的描述，但散点图不能准确反映变量之间的关系强度。因此，为准确度量两个变量之间的关系强度，需要计算相关系数。

2) 散点图介绍

对于两个变量 x 和 y，通过观察或试验可以得到若干组数据，记为 $(x_i, y_i)(i=1,2, \cdots, n)$。用坐标的横轴代表变量 x，纵轴代表变量 y，每组数据 (x_i, y_i) 在坐标系中用一个点表示，n 组数据在坐标系中形成的 n 个点称为散点，由坐标及其散点形成的二维数据图称为散点图。散点图是描述变量之间关系的一种直观方法，从中可以大体上看出变量之间的关系形态及关系强度。

从图 2.2.1 可以看出，相关关系的表现形态大体上包括线性相关、非线性相关、完全相关和不相关等几种。如果变量之间的关系近似地表现为一条直线，则称为线性相关；如果变量之间的关系近似地表现为一条曲线，则称为非线性相关；如果一个变量的取值完全依赖于另一个变量，各观测点落在一条直线上，则称为完全相关，这实际上就是函数关系；如果两个变量的观测点很分散，无任何规律，则表示变量之间没有任何相关关系。

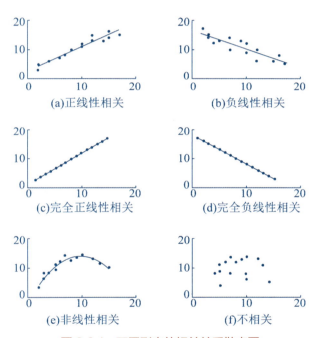

图 2.2.1　不同形态的相关关系散点图

3) 相关系数的计算

通过散点图可以判断两个变量之间有无相关关系，并对变量间的关系形态做出大致的描述，但散点图不能准确反映变量之间的关系强度。因此，为准确度量两个变量之间的关系强度，需要计算相关系数。

相关系数是根据样本数据计算度量两个变量之间线性关系强度的统计量。若相关系数是根据总体全部数据计算的，称为总体相关系数，记为 p；若是根据样本数据计算的，则称为样本相关系数，记为 r。样本相关系数的计算公式为：

$$r = \frac{n \sum xy - \sum x \sum y}{\sqrt{n \sum x^2 - (\sum x)^2} \cdot \sqrt{n \sum y^2 - (\sum y)^2}}$$

按上述公式计算的相关系数也称为线性相关系数，或称为皮尔逊相关系数。使用 Excel 中的 CORREL 或者 PEARSON 函数可以计算两组数据的相关系数。相关系数的主要性质可总结如下：

(1) 线性相关系数 r 的取值范围为 $[-1,1]$；

(2) r 取值为正，表明 x 与 y 存在正线性相关关系；r 取值为负，表明 x 与 y 存在负线性相关关系；

(3) $|r|$ 越接近于 1，线性相关程度越高。

● 任务准备

准备计算机、Excel、SPSS、计算器、纸、笔等基本工具。

● 任务实施

1. 绘制散点图

1) 利用 Excel 绘制散点图，呈现货位入库件数和入库效率的关系

绘制散点图步骤如图 2.2.2 所示。单小时入库件数与每货位入库件数的散点图如图 2.2.3 所示。

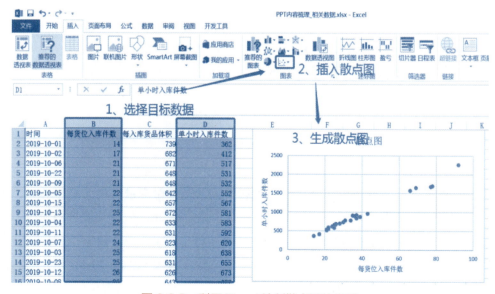

图 2.2.2　利用 Excel 绘制散点图的步骤

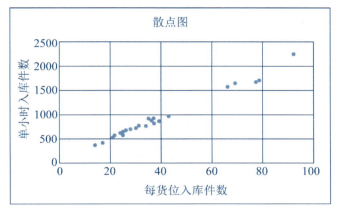

图 2.2.3　利用 Excel 单小时入库件数与每货位入库件数的散点图

2) 利用 SPSS 绘制散点图，呈现货位入库件数和效率的关系

(1) 在图形工具栏中，选择"旧对话框"→"散点 / 点状"，如图 2.2.4 所示；

(2) 选择"简单分布"→"定义"，如图 2.2.5 所示；

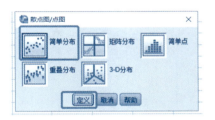

图 2.2.4　利用 SPSS 绘制散点图的步骤 1　　图 2.2.5　利用 SPSS 绘制散点图的步骤 2

(3) 将散点图横轴和纵轴字段分别选入 X 轴和 Y 轴位置，单击确定，得到散点图，如图 2.2.6 所示。

由图 2.2.3 和图 2.2.6 可以看出，货位入库件数会对入库效率产生影响，货位入库件数对入库效率的影响是正向的，即货位入库件数越大，入库效率越高。

同样，通过绘制单小时入库件数与每货位入库货品体积的散点图，可以得到如下结论：入库货物体积会对入库效率产生影响，入库货物体积对入库效率的影响是负向的，即入库货物体积越大，入库效率越低。

通过散点图得知，单小时入库件数与每货位入库件数、入库货物体积之间具有一定的线性关系。

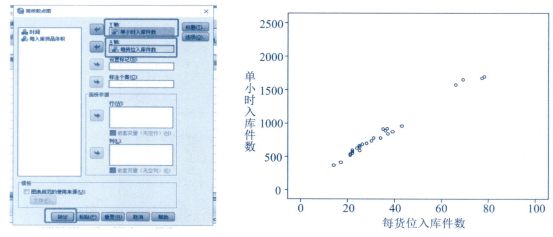

图 2.2.6　利用 SPSS 绘制单小时入库件数与每货位入库件数的散点图

2. 计算相关系数

(1) 利用 Excel 的 CORREL 函数分别计算货架面入库件数与效率、入库货物体积与效率之间的相关系数。

货架面入库件数与效率的相关系数计算，如图 2.2.7 所示。

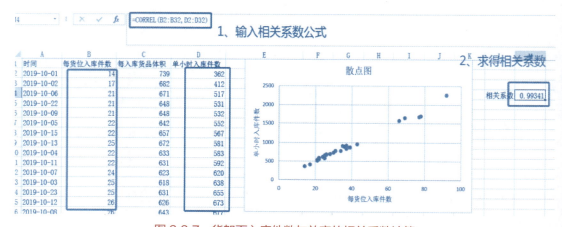

图 2.2.7　货架面入库件数与效率的相关系数计算

根据 PEARSON 线性相关系数，入库件数与入库效率的相关系数为 0.993409963，入库货物体积与入库效率的相关系数为 -0.994858179。可见，入库货物的体积对入库效率影响更大。

(2) 利用 Excel 的数据分析插件计算入库货物体积与效率之间的相关系数。

计算步骤如图 2.2.8 和图 2.2.9 所示。

图 2.2.8 利用 Excel 计算相关系数操作步骤 1　　　图 2.2.9 利用 Excel 计算相关系数操作步骤 2

得到相关系数，如图 2.2.10 所示。

	每入库货品体积	单小时入库件数
每入库货品体积	1	
单小时入库件数	-0.994858179	1

图 2.2.10　入库货物体积与入库效率之间的相关系数

● 问题管理

散点图的绘制和相关系数的计算比较简单，但要熟练掌握根据散点图判断两个因素的相关关系，并根据相关系数判断其关系强度。

● 任务小结

本任务主要通过绘制散点图发现影响入库效率的因素，并计算相关系数来分析各影响因素与入库效率的关系强度。

任务 3　利用一元线性回归进行入库效率影响因素分析

● 任务描述

相关分析的目的在于测度变量之间的关系强度，它所利用的测度工具是相关系数。前面已经计算出入库件数与入库效率的相关系数、入库货物体积与入库效率的相关系数，发现它们之间线性相关程度很高。那么，入库效率与入库件数、入库货物体积之间的数量关系是怎样的？

●任务分析

　　要研究入库效率与入库件数、入库货物体积之间的数量关系，可以采用一元线性回归的方法。

●相关知识

　　相关知识与任务 1 相同，包括进行一元线性回归模型的分析和一元线性回归模型的检验。

●任务准备

　　准备计算机、Excel、SPSS、计算器、纸、笔等基本工具。

●任务实施

　　方法一：利用 Excel 进行回归分析

　　第一步：单击"数据"，并单击"数据分析"选项。

　　第二步：在分析工具中选择"回归"，单击"确定"。

　　第三步：当对话框出现时，

　　在"Y 值输入区域"方框内输入数据区域 D2:D32；

　　在"X 值输入区域"方框内输入数据区域 B2:B32；

　　在"置信度"选项中给出所需的数值（这里使用隐含值 95%)；

　　在"输出选项"中选择输出区域；

　　在"残差"中选择所需的选项（这里选择了线性拟合图）。

　　利用 Excel 进行回归分析的步骤如图 2.3.1 所示。

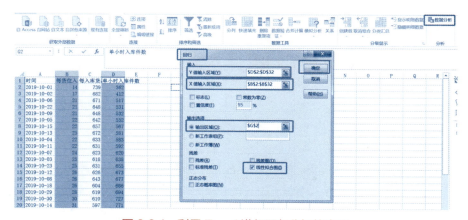

图 2.3.1　利用 Excel 进行回归分析的步骤

单击"确定"后得到下面的结果，如图 2.3.2 所示。

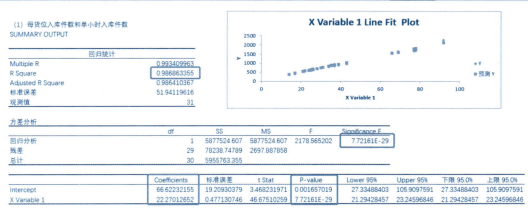

(1) 每货位入库件数和单小时入库件数

SUMMARY OUTPUT

回归统计	
Multiple R	0.993409963
R Square	0.986863355
Adjusted R Square	0.986410367
标准误差	51.94119616
观测值	31

方差分析

	df	SS	MS	F	Significance F
回归分析	1	5877524.607	5877524.607	2178.565202	7.72161E-29
残差	29	78238.74789	2697.887858		
总计	30	5955763.355			

	Coefficients	标准误差	t Stat	P-value	Lower 95%	Upper 95%	下限 95.0%	上限 95.0%
Intercept	66.62232155	19.20930379	3.468231971	0.001657019	27.33488403	105.9097591	27.33488403	105.9097591
X Variable 1	22.27012652	0.477130746	46.67510259	7.72161E-29	21.29428457	23.24596846	21.29428457	23.24596846

图 2.3.2 利用 Excel 进行回归分析的结果

第四步：结果分析。

Excel 输出的回归结果包括以下几个部分：

第一部分是回归统计，这部分给出了回归分析中的一些常用统计量，包括相关系数 (Multiple R)、判定系数 (R^2)、调整的判定系数、标准误差、观测值等。

第二部分是方差分析，这部分给出的是回归分析的方差分析表，包括回归和残差的自由度 (df)、总平方和 (SS)、均方 (MS)、检验统计量 (F)、F 检验的显著性水平。

第三部分是回归参数估计的有关内容。包括回归方程的截距 (Intercept，即 a 的值)、斜率 (X Variable 1，即回归系数 b 的值) 的系数 (Coefficients)、标准误差、用于检验回归系数的 t 统计量 (t Stat)、P 值 (P Value) 以及截距和斜率的置信区间等。

根据图 2.3.2，得到如下结果：

模型系数：22.27，$y =22.27x+66.62$，说明每货位入库件数每增加 1 个单位，入库效率相应增加 22.27 件；

t 检验：模型系数的 t 检验值为 46.67(P 值小于 0.01)，检验结果拒绝原假设，说明模型系数具有显著性，自变量与因变量之间存在线性关系；

F 检验：模型检验的 F 值为 2178(P 值小于 0.01)，说明模型整体具有显著性；

拟合优度检验：模型的 R^2 为 0.98，说明模型拟合效果很好。

方法二：利用 SPSS 进行回归分析

第一步：在分析工具栏中，选择"回归"—"线性"，如图 2.3.3 所示。

第二步：将单小时入库件数选为因变量，每货位入库件数选为自变量，单击"确定"，如图 2.3.4 所示。

图 2.3.3　利用 SPSS 进行回归分析的步骤 1

图 2.3.4　利用 SPSS 进行回归分析的步骤 2

第三步：结果分析。

SPSS 进行回归分析的结果如图 2.3.5 所示。

回归

已输入/除去变量ᵃ

模型	已输入变量	已除去变量	方法
1	每货位入库件数ᵇ		输入

a. 因变量：单小时入库件数

b. 已输入所有请求的变量。

模型摘要

模型	R	R 平方	调整后的 R 平方	标准估算的错误
1	.993ᵃ	.987	.986	51.941

a. 预测变量：（常量），每货位入库件数

拟合优度

ANOVAᵃ

模型		平方和	自由度	均方	F	显著性
1	回归	5877524.607	1	5877524.607	2178.565	.000ᵇ
	残差	78238.748	29	2697.888		
	总计	5955763.355	30			

a. 因变量：单小时入库件数

b. 预测变量：（常量），每货位入库件数

F检验结果

模型系数 系数ᵃ

模型		非标准化系数		标准系数	t	显著性
		B	标准错误	贝塔		
1	（常量）	66.622	19.209		3.468	.002
	每货位入库件数	22.270	.477	.993	46.675	.000

a. 因变量：单小时入库件数

t检验结果

图 2.3.5　利用 SPSS 进行回归分析的结果

●问题管理

利用 Excel 或 SPSS 拟合一元线性回归比较简单，但难点是对模型检验结果的解读。

●任务小结

本任务主要通过 Excel 或 SPSS 拟合入库效率与入库件数、入库货物体积之间的一元回归模型，并对模型检验结果进行解读。

2

第3单元
存储作业分析

【内容概览】

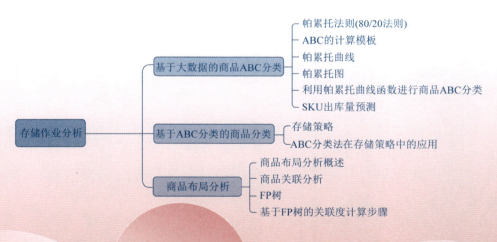

```
                                        ┌── 帕累托法则(80/20法则)
                                        ├── ABC的计算模板
                  ┌─ 基于大数据的商品ABC分类 ├── 帕累托曲线
                  │                      ├── 帕累托图
                  │                      ├── 利用帕累托曲线函数进行商品ABC分类
                  │                      └── SKU出库量预测
                  │
  存储作业分析 ──────┼─ 基于ABC分类的商品分类 ┬── 存储策略
                  │                      └── ABC分类法在存储策略中的应用
                  │
                  │                      ┌── 商品布局分析概述
                  └─ 商品布局分析         ├── 商品关联分析
                                        ├── FP树
                                        └── 基于FP树的关联度计算步骤
```

【知识目标】

1. 了解帕累托法则;

2. 理解帕累托曲线的含义;

3. 掌握帕累托曲线函数及其应用;

4. 掌握 ABC 分类法在存储策略中的应用;

5. 理解商品关联分析的内容;

6. 理解 FP 树的内容;

7. 掌握基于 FP 树的关联度计算方法。

【技能目标】

1. 能够根据现有数据,利用帕累托曲线函数对商品进行 ABC 分类;

2. 能够根据历史数据进行商品 ABC 分类,进而基于 ABC 分类进行商品分区;

3. 能够根据历史订单数据,基于 FP 树计算商品关联度。

【职业目标】

1. 胜任物流、仓库、配送中心等部门库存规划等管理性岗位;

2. 胜任仓储数据统计、分析与大数据处理等技术性岗位;

3. 养成细致、认真的数据分析与处理习惯;

4. 培养数据安全的意识。

任务 1　基于大数据的商品 ABC 分类

●任务描述

　　某东物流有限公司是一家结合现代物流技术为客户提供仓储运输、包装加工等服务的大型仓储配送第三方物流公司。公司配备专业的仓配管理团队、配送车辆和搬运设备，拥有先进的物流信息系统，完善的仓储设备及配送能力，主要从事电商超市类商品的仓储配送。

　　通过一段时间的运作，得到 9895 条出库原始数据（见表 3.1.1），详细记录了所有订单号、商品编码、出库件数等信息。为了在存储中针对商品选择更合适的存储策略，我们需要利用上述数据，运用帕累托曲线函数进行更精准的商品 ABC 分类，

表 3.1.1　出库原始数据

订单号	商品编码	出库件数
49428280	631173	47
76431526	631173	47
77636943	631173	47
77835567	631173	47
79449268	631173	47
54257879	100003471931	1
85177127	100005702470	1
61867871	100003471931	1
...	...	...

注：总计 9895 条记录，详见文件"出库原始数据.xlsx"（请扫描封底二维码获取相关数据）。

●任务分析

　　我们首先要对零乱的原始数据进行汇总统计。为了更准确地进行 ABC 分类，必须要先拟合帕累托曲线函数，拟合帕累托曲线函数需要先解出函数中的 A 值和 F 值。最后，再运用拟合的帕累托曲线函数进行 ABC 分类。

●相关知识

1. 帕累托法则 (80/20 法则)

    ABC 的思想源自帕累托法则。19 世纪，意大利经济学家帕累托在研究经济系统时发现，财富在人口中的分配是不平衡的，20% 的人往往掌握了 80% 的社会财富。这一法则描述了投入和产出之间的关系，也同样适用于其他领域。例如：在市场营销中，20% 的关键客户产生了 80% 的销售额；在库存管理中，20% 的商品占据了 80% 的库存投资。

2. ABC 的计算模板

    ABC 的计算模板拟对库存 SKU 出库量进行分析 (不同模板的指标名称不同，但方法相同)，对收集来的数据资料进行整理，按要求计算和汇总，以了解哪些 SKU 出库量多，并实行重点管理，如表 3.1.2 所示。

表 3.1.2　ABC 分类统计表（部分）

SKU	出库量	出库量排序	累计出库量	出库量累计占比(%)	累计品项数	品项数累计占比(%)
B001	24924	1	24924	10.2	1	0.01
B002	3480	2	28404	11.62	2	0.02
B004	3100	3	31504	12.89	3	0.03
...	...	...	...	...	...	...
总计	244353	10000	244353	100	10000	100

指标解释

①出库量：统计期内，每个SKU的总出库数量。

②出库量排序：对每个SKU的出库量降序排列。

③出库量累计占比(%)=(累计出库量 / 所有SKU出库量的总和)×100%。

④品项数累计占比(%)=(累计品项数 / 所有SKU的数量)×100%。

    根据上述表 3.1.2，以累计品项数占比为横坐标、累计出库量占比为纵坐标，绘制出相应的散点图 (如图 3.1.1 所示)，图中各散点的分布特征代表着 ABC 的特征。

    注意事项：散点图横、纵坐标的数值用绝对值替代也是可以的，但如果要对数值进行比较却很困难，因此散点图上的横、纵坐标数值尽量用相对值表示。

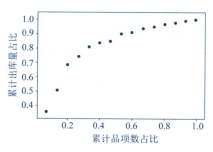

图 3.1.1　ABC 分类散点图

3. 帕累托曲线

为了能定量地表示 ABC 的特征变化情况，可以用一条函数曲线来描绘图 3.1.1 中散点的特征，这条函数曲线称为帕累托曲线，用它来展现 ABC 的特征。

帕累托曲线刻画了产品品项数和出库量之间的函数关系。可使用公式对帕累托曲线进行拟合。其公式为：

$$Y = (1 + A)\frac{X}{A + X}$$

其中，Y：出库量累计占比，$Y \in [0,1]$；

X：品项数累计占比，$X \in [0,1]$；

A：公式系数，$A \in [0,+\infty]$。

(1) 估计帕累托曲线函数系数 A：想要解出帕累托曲线上各点对应的函数上的数值 (X_i, Y_i)，首先需要知道函数中参数 A 的值，未知参数 A 可以通过线性回归分析最小二乘法来进行求解并估值。最小二乘法曲线拟合过程构建方程为：

$$\sum_{i=1}^{N} \frac{Y_i X_i - Y_i X_i^2}{(A + X_i)^2} - \sum_{i=1}^{N} \frac{(1 + A)(X_i^2 - X_i^3)}{(A + X_i)^3} = 0$$

式中，X_i：第 i 个 SKU 的品项数累计占比，$i = 1, 2, 3, \ldots, N$；

Y_i：第 i 个 SKU 的出库累计占比，$i = 1, 2, 3, \ldots, N$。

通过连续逼近的方法求解上述公式，解出公式系数 A，可以获得实际帕累托曲线的拟合曲线。如图 3.1.2 所示的帕累托曲线的拟合曲线，将实际数据代入最小二乘法曲线拟合过程构建方程后，可解得系数 A 的值为 0.15，然后代入帕累托曲线函数后，得到其对应的帕累托曲线函数为：

$$Y = (1 + 0.15)\frac{X}{0.15 + X}$$

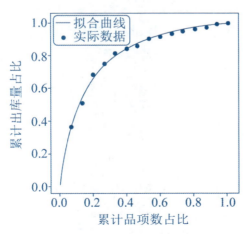

图 3.1.2　帕累托曲线图

(2) 计算陡度 (Steepness)：陡度 (S) 定义为图 3.1.3 中扇形区域 *ODQ* 的面积与三角形区域 *ORQ* 的面积的比值。

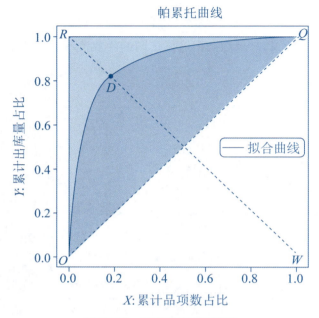

图 3.1.3　帕累托曲线陡度图

帕累托曲线陡度表示帕累托曲线的数量特征，可以用于不同曲线之间的比较，说明帕累托曲线 *ABC* 特征的明显程度。

- 当品项完全不具备 ABC 特征时，即 *Y=X*。曲线 *ODQ* 与直线 *OQ* 重合，即 *S*=0。
- 当所有出库量仅集中在一种品项时，曲线 *ODQ* 与曲线 *ORQ* 重合，即 *S*=1。
- 通常情况下，曲线 *ODQ* 介于直线 *OQ* 和曲线 *ORQ* 之间，即 $0 \leqslant S \leqslant 1$。
- *S* 的数值越大，帕累托曲线的 ABC 特征越明显。

(3) 计算收益递减点：收益递减点 (X_D, Y_D) 为曲线 *ODQ* 斜率等于 1 的点，也是曲线 *ODQ* 与 *X*、*Y* 轴对角线 *WR(Y=1-X)* 的交点，即图 3.1.4 中 *D* 点。*D* 点之前，每增加 1% 的出库品项，会相应增加超过 1% 的出库量；*D* 点之后，每增加 1% 的出库品项，会相应增加少于 1% 的出库量。令曲线的一阶导数等于 1：

$$\frac{\mathrm{d}_Y}{\mathrm{d}_X} = \frac{1+A}{1+X}\left(1 - \frac{X}{A+X}\right) = 1$$

可以获得 *D* 点的坐标：

$$X_D = \sqrt{A(1+A)} - A = 0.1827$$
$$Y_D = 1 - (\sqrt{A(1+A)} - A) = 0.8173$$

已知 $Y_D=1 - X_D$，即点 *D*(0.1827，0.8173) 为曲线 *ODQ* 与直线 *WR(Y=1 - X)* 的交点，也是帕累托曲线收益递减点，如图 3.1.4 所示。

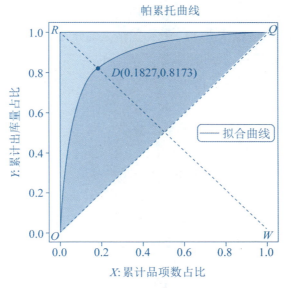

图 3.1.4 帕累托曲线收益递减点 $D(X_D, Y_D)$

注意：上述结论只能使用本节所涉及的函数进行计算，如果换成其他函数进行求解，将无法得出上述结论。

帕累托曲线收益递减点与 ABC 分类的关系如下：A 类处于 D 点之前，一般指畅销商品；C 类处于 D 点之后，一般指滞销商品；B 类处于 A 类与 C 类的中间，一般指畅销与滞销商品之间的物品。

4. 帕累托图

帕累托图又叫排列图、主次图，是按照发生频率大小顺序绘制的直方图，表示多少结果是由已确认类型或范畴的原因所造成。帕累托图用双直角坐标系表示，左边纵坐标表示频数，右边纵坐标表示频率，分析线表示累积频率，横坐标表示影响质量的各项因素，按影响程度的大小（即出现频数多少）从左到右排列，通过对排列图的观察分析可以抓住质量的主要因素。标准帕累托图如图 3.1.5 所示。

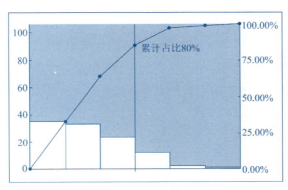

图 3.1.5 标准帕累托图

在帕累托图中，不同类别的数据根据其频率降序排列，并在同一张图中画出累积百分比。帕累托图可以体现帕累托原则：数据的绝大部分存在于很少类别中，极少的剩下的数据分散在大部分类别中。这两组数据经常被称为"至关重要的极少数"和"微不足道的大多数"。帕累托图是进行优化和改进的有效工具，尤其适合应用在库存管理方面。

5. 利用帕累托曲线函数进行商品 ABC 分类

利用帕累托曲线函数，通过两个步骤可以给商品进行 ABC 分类 (以品项数和出库量为分类指标)。

(1) 确定系数 A。根据品项数累计占比和出库量累计占比，计算系数 A。

(2) 划分 ABC。一般来说，常见的三类 ABC 的划分原则如下。

- A 类 SKU：少部分品项占据了绝大部分的出库量；
- B 类 SKU：一定比例 (F) 的品项占据了等比例 (F) 的出库量；
- C 类 SKU：绝大部分的品项占据了少部分的出库量。

最后，得出 ABC 分类结果，如图 3.1.6 所示。

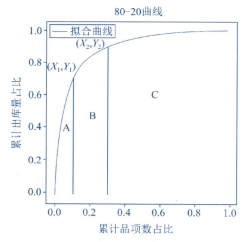

图 3.1.6　帕累托曲线 ABC 分类图

从图 3.1.6 可知，想要得出具体的 ABC 分类，只需确定 B 类的范围即可确定 A 类和 C 类，因为 B 类取值的起点即为 A 类取值的终点，B 类取值的终点即为 C 类取值的起点。想要知道 B 类的取值范围，根据 ABC 三类的划分原则，只需知道 F 的值即可得出，F 可由经验公式 $0.9X_D+0.05$ 求得，也可由规划人员根据实际经验设定 (一般取值 20% 或 30%)。

6. SKU 出库量预测

假设拟合出来的帕累托曲线函数在若干年内是稳定的，或者是可以再拟合预测的，即可利用帕累托曲线函数对若干年后的每种 SKU 出库量进行预测。

- 前提条件：*N* 年后总出库 SKU 品项数已知，*N* 年后所有 SKU 的总出库量已知，*N* 年后所有 SKU 的出库量排序（或者 SKU 的偏好）已知。
- 适用场景：客户预计 *N* 年后的 SKU 品项数有较大变动，客户提供了一段时间的出库订单数据。

●任务准备

准备计算机、Excel、计算器、纸、笔等基本工具。

●任务实施

第一步：打开 Excel 数据文件。

打开案例文件夹下“出库原始数据 .xlsx”文件。

第二步：利用 Excel 的数据透视表进行商品汇总统计。

(1) 利用 Excel 的数据透视表，分别统计每种商品在统计周期内的出库总件数，按照出库总件数降序排列。具体操作如图 3.1.7 所示。

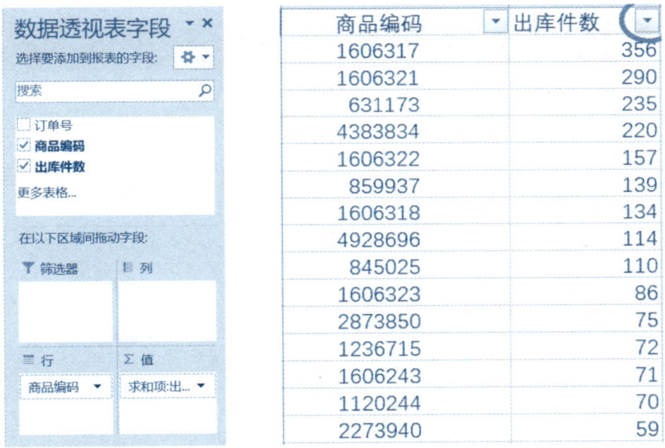

数据透视表字段
选择要添加到报表的字段:
搜索
订单号
商品编码
出库件数
更多表格...
在以下区域间拖动字段:
筛选器
列
行
值
商品编码
求和项:出...
商品编码
出库件数
1606317 356
1606321 290
631173 235
4383834 220
1606322 157
859937 139
1606318 134
4928696 114
845025 110
1606323 86
2873850 75
1236715 72
1606243 71
1120244 70
2273940 59

图 3.1.7　按 SKU 统计降序排列数据透视表操作图

(2) 依次计算销量占比和累计销量占比，输入如图 3.1.8 和图 3.1.9 所示的公式并下拉。

C3
=B3/SUM(B:B)
商品编码
出库件数
销量占比
累计销量占比
1606317 356 2.16% 2.16%
1606321 290 1.76% 3.92%

图 3.1.8　销量占比函数操作图

D3
=C3+D2
商品编码
出库件数
销量占比
累计销量占比
1606317 356 2.16% 2.16%
1606321 290 1.76% 3.92%

图 3.1.9　累计销量占比函数操作图

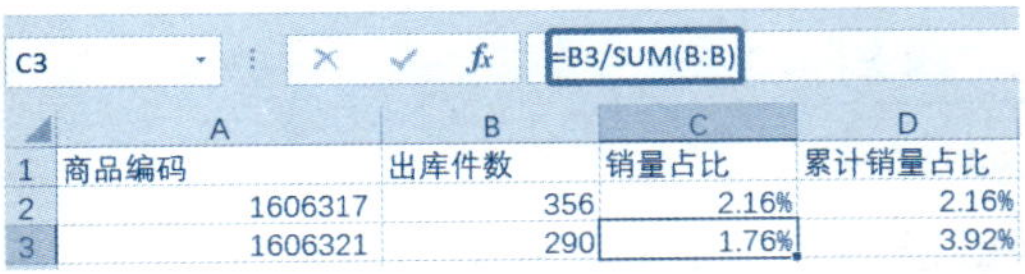

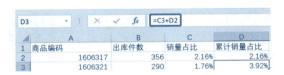

最终结果见表 3.1.3。

表 3.1.3　商品汇总统计表（部分）

商品编码	出库件数	销量占比	累计销量占比
1606317	356	2.16%	2.16%
1606321	290	1.76%	3.92%
631173	235	1.43%	5.34%
4383834	220	1.33%	6.68%
1606322	157	0.95%	7.63%
859937	139	0.84%	8.47%
1606318	134	0.81%	9.28%
4928696	114	0.69%	9.98%
...	...	...	...

第三步：拟合帕累托曲线。

(1) 利用 Excel 功能，以商品数和出库量为分类指标对表 3.1.3 的数据进行整理后，得出分类整理统计表，见表 3.1.4。

表 3.1.4　分类整理统计表（部分）

商品编码	商品累计占比（X）	出库件数	出库量占比	累计出库量占比（Y）
1606317	0.02%	356	2.16%	2.16%
1606321	0.03%	290	1.76%	3.92%
631173	0.05%	235	1.43%	5.34%
4383834	0.07%	220	1.33%	6.68%
1606322	0.08%	157	0.95%	7.63%
859937	0.10%	139	0.84%	8.47%
1606318	0.12%	134	0.81%	9.28%
...	...	...	...	...
合计	100%	16489		100%

(2) 估计帕累托曲线函数系数 A。通过线性回归分析最小二乘法来进行求解并估值。最小二乘法曲线拟合过程构建方程为：

$$\sum_{i=1}^{N} \frac{Y_i X_i - Y_i X_i^2}{(A+X_i)^2} - \sum_{i=1}^{N} \frac{(1+A)(X_i^2 - X_i^3)}{(A+X_i)^3} = 0$$

通过连续逼近的方法求解上述方程，将实际数据 (X, Y) 代入最小二乘法曲线拟合过程构建方程后，可解得系数 A 的值为 0.0525，然后代入帕累托曲线函数后，得到其对应的帕累托曲线函数为：

$$Y = (1 + 0.0525) \times \frac{X}{0.0525 + X}$$

第四步：计算 A、B、C 三类的分界点。

设 A 类、B 类与 C 类的分界点分别为 (X_1, Y_1) 和 (X_2, Y_2)，B 类 SKU 出库量和商品数占比为 F，则有 $X_2 - X_1 = Y_2 - Y_1 = F$，把分界点数据代入帕累托曲线函数后可求得：

$$X_1 = \sqrt{\left(\frac{2A + F}{2}\right)^2 + A(1 - F)} - \frac{2A + F}{2}$$

$$Y_1 = \frac{(1 + A)X_1}{X_1 + A}$$

$$X_2 = X_1 + F$$

$$Y_2 = Y_1 + F$$

F 值可由经验公式 $0.9X_D + 0.05$ 求得，也可由规划人员根据实际经验设定（一般取值 20% 或 30%）。现 F 取值 20%，即 B 类商品的特征为：20% 的 SKU 占据了 20% 的出库量，把 A 值与 F 值代入上述 X_1、Y_1、X_2、Y_2 后，此时 A、B、C 三类的分界点分别为 (0.103，0.697) 和 (0.303，0.897)，如图 3.1.10 所示。

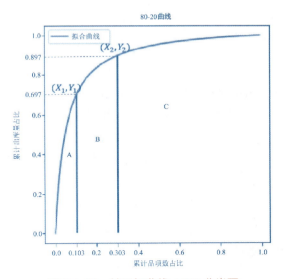

图 3.1.10 帕累托曲线 ABC 分类图

第五步：完成 ABC 分类。

以累计品项数为依据划分 A、B、C，前 10.30% 的商品占据了 50.71% 的出库量，划分为 A 类；20%(即 $X_1 - X_2 = 0.303 - 0.103$) 的商品占据了 20.26%(50.71% ~ 70.97%)，划分为 B 类；69.7%(1 ~ 0.303) 的商品占据 20.03%(79.97% ~ 100%) 的出库量，划分为 C 类。即定义销量前 50.71% 的 SKU 为 A 类，50.71% ~ 70.97% 的 SKU 为 B 类，其余为 C 类，输入如图 3.1.11 所示的公式并下拉。

图 3.1.11　定义销量 ABC 类函数操作图

最终 ABC 分类结果见表 3.1.5。

表 3.1.5　ABC 分类结果统计表（部分）

商品编码	商品累计占比	出库件数	销量占比	累计销量占比	类别
1606317	0.02%	356	2.16%	2.16%	A
1606321	0.03%	290	1.76%	3.92%	A
...	...	...	...	...	A
100005053698	10.30%	5	0.03%	50.71%	A
136670	10.32%	4	0.02%	50.73%	B
...	...	...	...	...	B
4166617	30.30%	2	0.01%	70.97%	B
4183393	30.32%	2	0.01%	70.99%	C
...	...	...	...	...	C

●问题管理

　　本任务较为复杂，利用帕累托曲线函数进行商品 ABC 分类，必须利用数据求解出帕累托曲线对应的函数，帕累托曲线函数需估计帕累托曲线函数系数 A，才能准确地计算帕累托曲线陡度和收益递减点，以确定商品 ABC 特征明显程度和商品畅销程度，因此，估计帕累托曲线函数系数 A 对于解决本任务的问题尤为关键，系数 A 可以通过线性回归分析最小二乘法来进行求解并估值。

　　另外，计算 A、B、C 三类的分界点时，F 值可由经验公式 $0.9X_D+0.05$ 求得，也可由规划人员根据实际经验设定 (一般取值 20% 或 30%)。本任务中 F 取值 20%，如果选择其他数值，呈现结果与本任务不一致。

●知识拓展

1. 利用帕累托曲线陡度 (S) 刻画不同曲线的 ABC 特征

　　如图 3.1.12 所示是根据仓库 2021 年 6 月、7 月、8 月的出库数据拟合帕累托曲线后的帕累托曲线图，用帕累托曲线陡度 (S) 定量地刻画 6 月、7 月、8 月不同曲线的 ABC 特征。

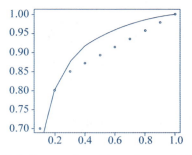

图 3.1.12　某仓库 2021 年 6 月、7 月、8 月帕累托曲线图

帕累托曲线陡度 S 的具体数值可通过公式求得。

$$area(扇形 ODQ) = \int_0^1 \frac{(1+A)X}{A+X} \mathrm{d}X - \frac{1}{2} = (1+A)\left(1 + A\ln\frac{A}{1+A} - \frac{1}{2}\right)$$

$$area(扇形 ORQ) = \frac{1}{2}$$

其中，$S \in [0,1]$。

$$S = \frac{area(扇形 ODQ)}{area(三角形 ORQ)} = \frac{(1+A)\left(1 + A\ln\frac{A}{1+A}\right) - \frac{1}{2}}{\frac{1}{2}} = 2(1+A)\left(1 + A\ln\frac{A}{1+A}\right) - 1$$

因此，使用陡度 S 可以刻画 6 月、7 月、8 月三条曲线的特征。

6 月曲线：$S = 0.5754$

7 月曲线：$S = 0.6730$

8 月曲线：$S = 0.7731$

可以发现，随着时间的变化，仓库中品项的 ABC 特征逐渐明显，主要出库量逐渐集中在更少的品项上。

2. 利用帕累托曲线函数预测 N 年后的出库量

根据某仓库 2021 年的出库订单数据，利用帕累托曲线函数预测每个品项 5 年以后的出库量（假定仓库 ABC 特征不变）。

（1）计算 ABC 基础指标。以品项数和出库量为分类指标对出库订单数据进行整理后，得出 ABC 分类整理统计表，见表 3.1.6。

表 3.1.6　ABC 分类整理统计表（部分）

SKU	出库量	出库量排序	出库量累计占比（%）	品项数累计占比（%）
429631558 黑 L	4069	1	0.66	0.52
29631558 黑 XL	4017	2	1.32	1.02

（续表）

SKU	出库量	出库量排序	出库量累计占比(%)	品项数累计占比(%)
439512586黑无	3920	3	1.95	1.54
...	...	...	...	...

（2）拟合帕累托曲线。估计公式系数 $A=0.038$，则拟合曲线可表示为：

$$Y = (1+0.038)\frac{X}{0.038+X}$$

（3）依据当前帕累托曲线的公式系数 A 的时间变化规律，预测 5 年后帕累托曲线的公式系数 A，或者简单假定 5 年后帕累托曲线的公式系数 A 与当前系数一致，即 5 年后 SKU 的出库量分布规律不发生改变。

（4）获得 5 年后帕累托曲线（假定公式系数 A 不变）：

$$Y = (1+0.038)\frac{X}{0.038+X}$$

（5）依据 5 年后预计出库量 $Q=1125126$ 件，预计 SKU 品类数 $N=32818$ 种，依据下列公式，可预测每个 SKU5 年后的出库量预测值 Z_j，最后结果见表 3.1.7。

$$y_i = (1+0.038)\frac{x_i}{0.038+x_i}$$
$$z_j = (y_i - y_{i-1})Q$$

表 3.1.7　5 年后预测值情况表（部分）

SKU	出库量排序	出库量累计占比(%)x_i	品项数累计占比(%)y_i	出库量预测值z_j
	1	0.00305	0.00598	932
	2	0.00609	0.01196	931
	3	0.00914	0.01795	929
...	...	...	...	...
	32816	99.9969	99.9984	1
	32817	100	100	1

3. 利用 Python 实现帕累托图

（1）数据准备。程序运行前先导入相关的第三方库，代码是在 jupyter notebook 中运行，如图 3.1.13 所示。

```
1  import numpy as np
2  import pandas as pd
3  import matplotlib.pyplot as plt
4  %matplotlib inline
```

图 3.1.13　数据准备

使用的数据采用随机数生成，如图 3.1.14 所示。

```
1   data = pd.Series(np.random.randn(10)*5000 + 10000,
2                    index = list('ABCDEFGHIJ'))
3   data
```

图 3.1.14　数据生成

输出结果为（每次运行生成的随机数的结果都会不一致），如图 3.1.15 所示。

```
1    A     5748.099899
2    B    10463.000272
3    C     5172.031773
4    D    17338.362775
5    E    11225.537785
6    F    12372.527636
7    G    19367.945373
8    H     4703.089439
9    I    14747.208553
10   J    13076.519903
11   dtype: float64
```

图 3.1.15　数据生成的输出结果

(2) 特征因素数值排序。数据的类型是 Series 数据，直接对值进行排序（由大到小），如图 3.1.16 所示。

```
1   data.sort_values(ascending=False,inplace = True)
2   data
```

图 3.1.16　特征因素数值排序

输出结果如图 3.1.17 所示：

```
1    G    19367.945373
2    D    17338.362775
3    I    14747.208553
4    J    13076.519903
5    F    12372.527636
6    E    11225.537785
7    B    10463.000272
8    A     5748.099899
9    C     5172.031773
10   H     4703.089439
11   dtype: float64
```

图 3.1.17　特征因素数值排序结果

顺便也可以查看一下特征因素的统计情况，如图 3.1.18 所示：

```
1
2  plt.figure(figsize=(12,8))
3  data.plot(kind = 'bar', color = 'g', alpha = 0.8, width = 0.6,rot=0)
```

图 3.1.18　特征因素统计情况

输出结果如图 3.1.19 所示：

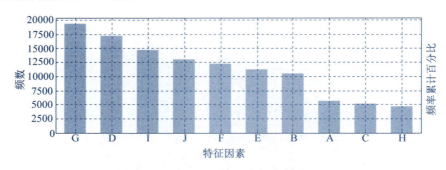

图 3.1.19　特征因素统计输出结果

(3) 计算累计频率百分比。上面计算了左侧 y 轴对应的频数，接下来就要计算右侧 y 轴对应的数据，如图 3.1.20 所示。

```
1
2  p = data.cumsum()/data.sum()
3  p
```

图 3.1.20　对应数据

输出结果 (最后一个特征因素的结果一定为 1) 如图 3.1.21 所示：

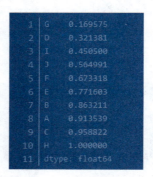

```
1   G    0.169575
2   D    0.321381
3   I    0.450500
4   J    0.564991
5   F    0.673318
6   E    0.771603
7   B    0.863211
8   A    0.913539
9   C    0.958822
10  H    1.000000
11  dtype: float64
```

图 3.1.21　计算累计频率百分比输出结果

(4) 标记累计百分比 80% 的特征因素位置。上面求解出累计百分比的大小，这里标记的是百分比大于或等于 80% 的第一个特征因素的位置，如图 3.1.22 所示。

```
1  key = p[p>0.8].index[0]
2  key_num = data.index.tolist().index(key)
3  print('超过80%占比的节点值索引为：',key)
4  print('超过80%占比的节点值索引位置为：',key_num)
```

图 3.1.22　标记特征因素的位置

输出结果为 (如图 3.1.23 所示)：

```
1 超过80%占比的节点值索引为： B
2 超过80%占比的节点值索引位置为： 6
```

图 3.1.23 标记特征因素位置输出结果

(5) 输出核心的特征因素信息。低于累计百分比 80% 的特征因素就是我们要筛选的结果，如图 3.1.24 所示。

```
1 key_product = data.loc[:key]
2 print('核心产品为：')
3 print(key_product)
```

图 3.1.24 输出核心的特征因素

输出结果为 (索引在 80% 占比的节点值索引位置之前的内容，如图 3.1.25 所示)：

```
1 核心产品为：
2 G    19367.945373
3 D    17338.362775
4 I    14747.208553
5 J    13076.519903
6 F    12372.527636
7 E    11225.537785
8 B    10463.000272
9 dtype: float64
```

图 3.1.25 输出核心的特征因素输出结果

(6) 绘制帕累托图。至此，绘制帕累托图所需要的数据全部准备完毕，如图 3.1.26 所示，直接绘制。

```
1 plt.figure(figsize=(12,4))
2 data.plot(kind = 'bar', color = 'g', alpha = 0.8, width = 0.6,rot=0)
3 p.plot(style = '--ko',secondary_y = True)
4
5 plt.axvline(key_num,color='r',linestyle='--',alpha=0.8)
6 plt.text(key_num+0.2,p[key],'累计占比为: %.3f%%' % (p[key]*100), color = 'r')
```

图 3.1.26 绘制帕累托图的数据

输出结果为 (基本满足要求，如图 3.1.27 所示)：

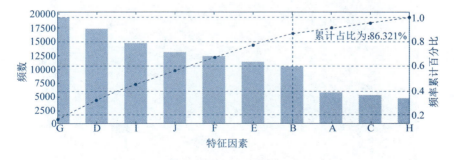

图 3.1.27 绘制帕累托图输出结果

这里可以发现左右两侧只显示了一半的内容，可以通过 plt.xlim() 方法解决，如图 3.1.28 及图 3.1.29 所示。

```
#绘制帕累托图像
plt.figure(figsize=(12,4))
data.plot(kind = 'bar', color = 'g', alpha = 0.8, width = 0.6,rot=0)
p.plot(style = '—ko',secondary_y = True)

plt.axvline(key_num,color='r',linestyle="—",alpha=0.8)
plt.text(key_num+0.2,p[key],'累计占比为: %.3f%%' % (p[key]*100), color = 'r')

plt.xlim(-0.5,9.5)
```

(-0.5, 9.5)

图 3.1.28　通过 plt.xlim() 方法解决问题

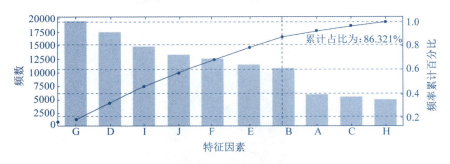

图 3.1.29　解决显示问题的输出结果

（7）封装。整个过程梳理完毕后，发现共有三个功能需要实现，也就是上面的
（4）～（6）的部分。因此可以设置一个类，添加三个函数，完成绘制帕累托图的代码封装。
直接给出代码，需要注意的是传入的数据是 Series 数据，因为对于 DalaFrame 数据，单
独取一列研究特征因素对应的数据类别就是 Series 数据，如图 3.1.30 所示。

```
1  class Pareto_analysis:
2
3    def __init__(self,series_data):
4        self.series_data = series_data
5
6    def get_key_factor_location(self):
7        data.sort_values(ascending=False,inplace = True)
8        p = data.cumsum()/data.sum()
9        key = p[p>0.8].index[0]
10       key_num = data.index.tolist().index(key)
11       print('超过80%占比的特征索引为: ',key)
12       print('超过80%占比的节点值索引位置为: ',key_num)
13
14   def get_key_factor_information(self):
15       key_product = data.loc[:key]
16       print('核心因素为: ')
17       print(key_product)
18
19   def plot_figure(self):
20       plt.figure(figsize=(12,4),dpi=500)
21       data.plot(kind = 'bar', color = 'g', alpha = 0.8, width = 0.6,rot=0)
22       plt.ylabel('频数')
23       plt.xlabel('特征因素')
24       p.plot(style = '—ko',secondary_y = True)
25
26       plt.axvline(key_num,color='r',linestyle="—",alpha=0.8)
27       plt.text(key_num+0.2,p[key],'累计占比为: %.3f%%' % (p[key]*100), color = 'r')
28       plt.ylabel('频率累计百分比')
29
30       plt.xlim(-0.5,len(data)-0.5)
```

图 3.1.30　全部代码

标记累计百分比 80% 特征因素的位置，如图 3.1.31 所示：

```
Pareto = Pareto_analysis(data)
loc = Pareto.get_key_factor_location()
```

超过80%占比的节点值索引为：B
超过80%占比的节点值索引位置为：6

图 3.1.31　标记特征因素的位置

输出核心的特征因素信息，如图 3.1.32 所示：

```
info = Pareto.get_key_factor_information()
info
```

核心因素为：
G   19367.945373
D   17338.362775
I   14747.208553
J   13076.519903
F   12372.527636
E   11225.537785
B   10463.000272
dtype: float64

图 3.1.32　输出核心特征因素信息

绘制帕累托图，如图 3.1.33 所示：

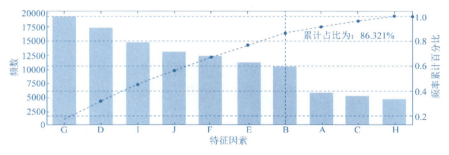

图 3.1.33　绘制帕累托图

上述内容也可以直接用一个函数解决，具体如图 3.1.34 所示。

```
def Pareto_analysis(data):
    data.sort_values(ascending=False,inplace = True)
    p = data.cumsum()/data.sum()
    key = p[p>0.8].index[0]
    key_num = data.index.tolist().index(key)
    print('More than 80% of the node values are indexed as: ',key)
    print('More than 80% of the node values index position is: ',key_num)

    key_product = data.loc[:key]
    print('The key factors are: ')
    print(key_product)

    plt.figure(figsize=(12,4),dpi=500)
    data.plot(kind = 'bar', color = 'g',edgecolor = 'black', alpha = 0.8, width = 0.6,rot=0)
    plt.ylabel('Frequency')
    plt.xlabel('Characteristic factor')
    p.plot(style = '--ko',secondary_y = True)

    plt.axvline(key_num,color='r',linestyle='--',alpha=0.8)
    plt.text(key_num+0.2,p[key],'The cumulative proportion is: %.3f%%' % (p[key]*100), color = 'r')
    plt.ylabel('Cumulative percentages')

    plt.xlim(-0.5,len(data)-0.5)
```

图 3.1.34　用函数完成代码封装

69

调用函数，输出结果如图 3.1.35 所示。

```
Pareto_analysis(data)
More than 80% of the node values are indexed as: C
More than 80% of the node values index position is:  6
The key factors are:
D    19789.536886
G    13951.545135
B    11992.539740
H     9814.188636
F     9575.735778
A     9047.133430
C     7457.241002
dtype: float64
```

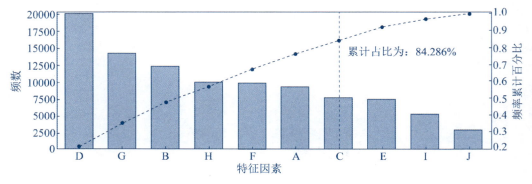

图 3.1.35　调用函数输出结果

4. 双参数模型

有时，单参数模型的拟合效果并不理想。例如，某散点图上有 10 个散点，对应的值分别为

$X=(0.1,0.2,0.3,0.4,0.5,0.6,0.7,0.8,0.9,1.0)$

$Y=(0.700,0.800,0.850,0.871,0.893,0.914,0.936,0.957,0.979,1.000)$

利用单参数模型拟合帕累托曲线函数后，得出单参数模型拟合帕累托曲线效果图，如图 3.1.36 所示。

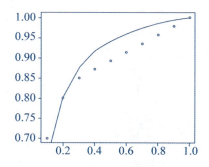

图 3.1.36　单参数模型拟合帕累托曲线效果图

从图 3.1.36 可以看到，该单参数模型拟合的帕累托曲线与原散点偏离较大，即出现的误差较大。为了增加模型的灵活性，提高帕累托曲线的拟合效果，可以将单参数模型推广为双参数模型。

已知

$$y = \frac{(1+A)x}{A+x} = \frac{1}{\dfrac{A}{(1+A)x} + \dfrac{1}{1+A}}$$

令

$$\alpha = \frac{1}{1+A}$$

$$\beta = \frac{A}{1+A}$$

则有

$$y = \frac{1}{\alpha + \dfrac{\beta}{x}} = \frac{x}{\alpha x + \beta}$$

相应的回归函数为

$$y_i = \frac{x_i}{\alpha x_i + \beta} + \varepsilon_i$$

根据 OLS(ordinary least square，普通最小二乘法），$\min\limits_{\alpha,\beta} \sum \left(y_i - \dfrac{x_i}{\alpha x_i + \beta} \right)_i^2$ 相应的正则方程组为：

$$\begin{cases} \Sigma \left[\left(y_i - \dfrac{x_i}{\alpha x_i + \beta} \right) \cdot \dfrac{x_i^2}{(\alpha x_i + \beta)^2} \right] = 0 \\ \Sigma \left[\left(y_i - \dfrac{x_i}{\alpha x_i + \beta} \right) \cdot \dfrac{x_i}{(\alpha x_i + \beta)^2} \right] = 0 \end{cases}$$

可通过格点搜索或牛顿法求解非线性方程组中的 α 和 β，把相应的值代入拟合帕累托曲线函数后，得出双参数模型拟合帕累托曲线效果图，如图 3.1.37 所示。

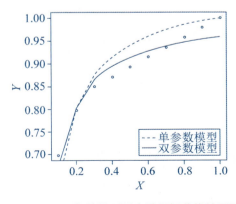

图 3.1.37　双参数模型拟合帕累托曲线效果图

从图 3.1.37 可看出，双参数模型（实线所示：$\alpha=0.993$，$\beta=0.049$，平均相对误差 2.16%）比单参数模型（虚线所示：$A=0.065$，平均相对误差 3.56%）拟合的帕累托曲线与原散点偏度离更低，更接近原散点，即出现的平均相对误差较小。

双参数模型拟合的帕累托曲线对应的面积 M 与陡度 S、边际效用递减点、分类分割点的函数分别如下。

面积 M 与陡度 S：

$$M = \int_0^1 \frac{x}{\alpha x + \beta} \mathrm{d}x = \frac{1}{\alpha} + \frac{\beta}{\alpha^2} \ln \frac{\beta}{\alpha + \beta}$$

$$S = \left(M - \frac{1}{2}\right) \Big/ \frac{1}{2} = \frac{2}{\alpha} + \frac{2\beta}{\alpha^2} \ln \frac{\beta}{\alpha + \beta} - 1$$

边际效用递减点：

$$\frac{\mathrm{d}y}{\mathrm{d}x} = \frac{\beta}{(\alpha x + \beta)^2} = 1 \Rightarrow \begin{cases} x = \dfrac{\sqrt{\beta} - \beta}{\alpha} \\ y = \dfrac{1 - \sqrt{\beta}}{\alpha} \end{cases}$$

分类分割点：给定 B 类所占比重为 F 后，与 A、C 类分割点 x_1、x_2 分别是

$$x_1 = \frac{-2\beta - \alpha F + \sqrt{4\beta + \alpha^2 F^2}}{2\alpha}$$

$$x_2 = \frac{-2\beta + \alpha F + \sqrt{4\beta + \alpha^2 F^2}}{2\alpha}$$

●任务小结

本任务根据现有的库存数据，拟合帕累托曲线函数，并利用拟合的帕累托曲线函数进行商品 ABC 分类。要求学习者对 Excel 软件中的数据透视表统计、Python 制图功能能够熟练运用。

任务 2　基于 ABC 分类的商品分析

●任务描述

在本单元任务 1 中，我们掌握了如何利用帕累托曲线函数进行 ABC 分类，接下来我们继续根据出库订单数据（见表 3.1.1）做进一步的 ABC 分类和统计，总结不同类型的商品特点，最后根据 ABC 分类的结果和商品的存储策略确定仓库的商品分区。

● 任务分析

由于电商企业库存受促销影响波动较大，本任务不考虑峰值情况，所取数据必须为仓库非促销月份统计周期的数据，才能得出符合仓库正常运作所需的数据。基于正常的数据，才能得出符合需求的分析结果，才可以让最后制订的存储策略能够有效地推动仓库相关项目的发展。

● 相关知识

1. 存储策略

存储策略是指如何给存货单元分配存储位置。良好的存储策略可以减少出入库移动的距离，缩短作业时间，甚至能充分利用存储空间。存储策略主要有定位储放、随机储放、分类储放、关联储放等。

(1) 定位储放：每种产品固定存储在指定的储位中。优点是便于拣货员熟练记忆产品所在的位置；缺点是空间利用率最低，即使某产品无货后，通常也要为其保留储位。

(2) 随机储放：从可用空储位中等概率地选择某一储位。优点是简单易行，空间利用率高；缺点是搬运距离较大。通常保管区用随机存储，零拣区用定位存储。

(3) 分类储放：将产品按照需求的频率分类，每类产品存储在指定的区域，每个区域内随机存储。产品的分类可按拣货次数、产品体积 / 拣货次数 (COL) 等划分，通常分为 2 ～ 6 类。也可将全部产品按照需求频率的高低进行连续化存储。优点是大幅减少产品的搬运距离；缺点是对于季节性强的产品，需要每个周期重新划分产品分类，进而反复调整存储位置。

(4) 关联储放：将具有关联性、被顾客同时购买的产品存储在相同的位置。优点是增加每次拣选的件数；缺点是相比于随机存储，占用更多的存储空间。

2. ABC 分类在存储策略中的应用

ABC 分类主要集中于解决商品在仓库中如何摆放的问题，即商品如何分类摆放的问题，使畅销商品更靠近出库工作站，滞销商品远离出库工作站，从而提高仓储作业效率。

(1) 依据 SKU 的出库量进行 ABC 分类，对不同 SKU 分区存储布局，以缩短搬运距离，提升出库效率。

(2) 进行 ABC-EIQ 交叉分析，为不同 SKU 制订恰当的拣选方式。

(3) 可用于预测每个 SKU 的出库量。

●任务准备

准备计算机、Excel、计算器、纸、笔等基本工具。

●任务实施

第一步：打开 Excel 数据文件。

打开案例文件夹下"出库原始数据 .xlsx"文件。

第二步：收集基础数据。

原始数据为仓库 3 月的订单数据，包含订单号、商品编码和件数等，属于仓储正常运转下的数据，符合本任务数据分析的要求。通过整理后形成电商仓库 3 月订单原始数据表，见表 3.2.1。

表 3.2.1　电商仓库 3 月份订单原始数据表（部分）

订单号	商品编码	出库件数
80597955	1606318	8
80597955	1606321	8
80597955	1606322	8
80597955	4928696	8
80597955	859982	10
89887495	100001184114	2
75518698	4803644	10
96774700	420908	1
96774700	851611	1
19328759	3118133	1
...	...	...

第三步：进行 SKU 汇总统计。

(1) 利用 Excel 的数据透视表，分别统计每种 SKU 在统计周期内的出库总件数，按照出库总件数降序排列。具体操作如图 3.2.1 所示。

图 3.2.1　按 SKU 统计降序排列数据透视表操作图

(2) 依次计算销量占比和累计销量占比，输入如图 3.2.2 和图 3.2.3 所示的公式并下拉。

图 3.2.2　销量占比函数操作图 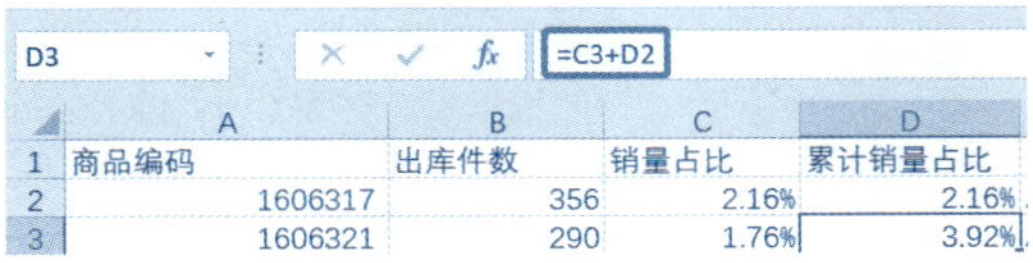　　　　　图 3.2.3　累计销量占比函数操作图

(3) 定义销量前 60% 的 SKU 为 A 类，60% ~ 80% 的 SKU 为 B 类，其余为 C 类，输入如图 3.2.4 所示的公式并下拉。

图 3.2.4　定义销量 ABC 类函数操作图

最终结果见表 3.2.2。

表 3.2.2　SKU 汇总统计表（部分）

商品编码	出库件数	销量占比	累计销量占比	分类
1606317	356	2.16%	2.16%	A
1606321	290	1.76%	3.92%	A
...	...	...	...	...
2688876	3	0.02%	59.99%	A
2747934	3	0.02%	60.01%	B
...	...	...	...	...
845035	1	0.01%	80.00%	B
845309	1	0.01%	80.01%	C
...	...	...	...	...
100006470786	1	0.01%	100.00%	C

第四步：进行 ABC 分类统计。

再次使用 Excel 数据透视表，将商品按照 ABC 分类进行汇总统计，对比查看各种类和销量占比情况。如图 3.2.5 所示。

类别	SKU数量	SKU占比	销量占比
A	1035	17.3%	60.0%
B	1637	27.4%	20.0%
C	3298	55.2%	20.0%

图 3.2.5　按照 ABC 分类进行汇总统计数据透视表操作图

第五步：绘制 ABC 分类图。

在 SKU 汇总统计结果基础上，新增商品累计占比，并以此为横坐标，以累计销量占比为纵坐标，绘制折线图，如图 3.2.6 所示。

图 3.2.6　绘制 ABC 分类折线图

得到 ABC 分类图，如图 3.2.7 所示。

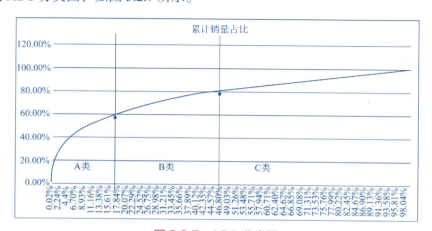

图 3.2.7　ABC 分类图

第六步：基于 ABC 分类进行存储总结和策略分析。

基于以上的 ABC 分类结果，并结合实际业务场景，可以总结不同类型商品的特点，总结和策略见表 3.2.3 所示。

表 3.2.3　基于 ABC 分类的总结和策略情况表

商品类型	A	B	C
周转速度	快	中	慢
库存深度	深	中	浅
出库方式	整箱+拆零	拆零	拆零
存储方式	托盘位+零拣位	托盘位+零拣位	零拣位

第七步：根据 ABC 分类的结果确定仓库商品分区。

基于出库效率最大化原则，根据 ABC 分类的结果确定仓库商品分区，如图 3.2.8 所示。

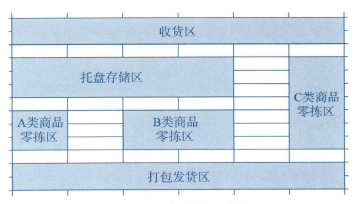

图 3.2.8　仓库分区示意图

●问题管理

本任务不考虑峰值情况，所取数据必须为仓库非促销月份统计周期的数据，才能得出符合仓库正常运作所需的数据。如"双十一"、"618"、年前大促、企业举行活动等所在月份数据不能选用。

●任务小结

基于 ABC 分类的商品分区，使 A、B、C 三类物品合理地存储在方便运作的库位。A 类物品存放位置要接近发货区，B 类次之，C 类尽量远离发货区，以免影响发货运作，目的就是使出库效率最大化。合理的分区，不但可以提高仓储的运作效率，更可以节省仓储成本。通过任务学习，学习者能够熟练运用 Excel 软件中的数据透视表统计和绘制图表功能以及 Python 制图功能。

任务 3　商品布局分析

●任务描述

通过本单元任务 1 和任务 2，我们基于 ABC 分类解决了 A 类、B 类、C 类商品在仓库中的具体分区存放问题，但同类商品在区域内的摆放问题，即商品布局问题还未解决。接下来，我们要利用已有历史集合单的数据集 Q（见表 3.3.1，可扫描封底二维码获取相关数据），对订单内各商品的关联性做进一步的分析，以计算出不同商品之间的关联程度，为同类商品区域内合理摆放提供数据。

表 3.3.1　数据集 Q（部分）

ID	订单商品集合 Q_i
1	{a,b,d,e,f }
2	{a,b,c,e,f }
3	{a,b,c,f }
4	{a,c,k}
5	{g,h}
…	…

说明：1. a、b、c、d、e、f、g、h…为商品编码；

　　　2. Q_i 为第 i 个订单包含的商品编码的集合；

　　　3. 数据集已按订单商品集合 Q_i 包含的商品种类数量进行降序排列；

　　　4. 商品种类小于 3 种的订单商品集合 Q_i 不进行罗列。

●任务分析

商品关联，一般指 2 种或 2 种以上的商品基于某情况下的关联，本任务只考虑 2 种商品之间的关联度，不考虑 2 种以上商品之间的关联度，解决的是库存中 2 种商品是否摆放在一起的问题，因此可以根据现有的数据，基于 FP 树的关联度计算方法进行商品关联分析，衡量多个订单在时间维度的相似度和关联度。

●相关知识

1. 商品布局分析概述

　　商品布局分析是库存整体分析、库存结构分析的进一步细化，是商品维度的分析。商品布局的目标是通过合理布局，实现出库效率最大化。

　　商品布局的前提包括以下两种。

- 同一种商品放到多个容器中，满足多个工作站同时出库同一种商品的情况。
- 一个容器中存放多种具有关联性的商品，可以提高存储利用率和拣选效率。

衡量商品布局有效性的指标有并发性和关联性两种。

- 并发性：平均每品存储货架 / 料箱数，衡量库存分散程度。
- 关联性：每货架 / 料箱拣选件数，衡量关联分析结果的有效性。

　　关于商品布局分析的相关概念及指标，本任务不做具体介绍，详细知识点可参考《智能仓储大数据分析 (中级)》对应的章节及内容。本任务重点介绍商品关联分析。

2. 商品关联分析

　　商品关联度源于购物篮分析。基于历史订单数据得到关联商品，如"啤酒 + 尿布"，将关联商品放到相邻的货架上，可以显著提高销量。在库存管理中，借鉴购物篮分析的思想，也可以应用频繁项集和关联规则挖掘算法求得商品关联度。

3. FP 树

1) FP 树的定义

　　频繁模式树 (Frequent Pattern tree) 简称为 FP 树，是满足下列条件的一个树结构：它由一个根节点 (值为 "null")、项前缀子树和一个频繁项头表组成。

　　项前缀子树中的每个节点包括三个域：item_name、count 和 node_link，其中：

- item_name 记录节点表示的项的标识；
- count 记录到达该节点的子路径的事务数；
- node_link 用于连接树中相同标识的下一个节点，如果不存在相同标识的下一个节点，则值为 "null"。

　　频繁项头表的表项包括一个频繁项标识域 item_name 和一个指向树中具有该项标识的第一个频繁项节点的头指针：head of node_link。

　　对于包含在 FP 树中某个节点上的项 α，将会有一个从根节点到达 α 的路径，该路径中不包含 α 所在节点的部分路径称为 α 的前缀子路径 (prefix subpath)，α 称为该路径的后缀。在一个 FP 树中，有可能有多个包含 α 的节点存在，它们从频繁项头表中的 α 项出发，通过项头表中的 head of node_link 和项前缀子树中的 node_link 连接在一起。FP 树中每个包含 α 的节点可以形成 α 的一个不同的前缀子路径，所有的这些路径组成 α 的条件模式基 (conditional pattern base)。用 α 的条件模式基所构建的 FP 树称为 α 的条件模式树 (conditional FP-tree)。

2) 频繁项集

一般来说，关联规则挖掘是指从一个大型的数据集 (dataset) 发现有趣的关联 (association) 或相关关系 (correlation)，即从数据集中识别出频繁出现的属性值集 (sets of attribute values)，也称为频繁项集 (frequent itemsets)，然后利用这些频繁项集创建描述关联关系规则的过程。

3) 发现频繁项集

所有的频繁项集是形成关联规则的基础。通过用户给定的最小支持度，寻找所有支持度大于或等于 minsupport 的频繁项集。如何迅速高效地发现所有频繁项集，是关联规则挖掘的核心问题，也是衡量关联规则挖掘算法效率的重要标准。经典的挖掘完全频繁项集方法是查找频繁项集集合的全集。其中包括基于广度优先算法搜索的关联规则算法，包括 Apriori 算法 (通过多次迭代找出所有的频繁项集)、DHP(Direct Hashing Pruning) 算法等改进算法、基于深度优先搜索策略的 FP-Growth 算法、ECLAT 算法以及 COFI 算法等。

4. 基于 FP 树的关联度计算步骤

计算步骤如图 3.3.1 所示。

图 3.3.1 FP 树计算步骤

● 任务准备

准备计算机、Excel、计算器、纸、笔等基本工具。

● 任务实施

第一步：打开 Excel 数据文件。
打开案例文件夹下 "数据集 Q.xlsx" 文件。

第二步：数据预处理。

(1) 利用 Excel 统计数据集 Q 中各商品出现的频数，将数据集中的各商品按出现频数降序排列，整理后见表 3.3.2。

表 3.3.2　数据集 Q 频数降序排列表（部分）

商品编码	出现次数 S
a	4
b	3
c	3
f	3
e	2
d	1
k	1
g	1
h	1
...	...

(2) 删除频数小于最小支持度的商品，剩下的商品称为频繁项。如果设置最小支持度 S_min=2，则删除 $S < 2$ 的商品 d、k 及后面的所有商品，在此基础上，对原数据按支持度重新排列，获得新的集合单数据，整理后见表 3.3.3。

表 3.3.3　订单数据集合表（部分）

ID	订单商品集合
1	{a,b,f,e}
2	{a,b,c,f,e}
3	{a,b,c,f}
4	{a,c}
...	...

第三步：构建 FP 树。

根据数据预处理的降序排列表，依次读入预处理之后的订单数据，按顺序将每个订单插入 FP 树中，排序靠前的是父节点，靠后的是子节点。如果有共用的父节点，则对应父节点计数加 1，非共用部分独立成为新的分支，以此类推，直到所有数据对应的商品都插入到 FP 树之后，FP 树构

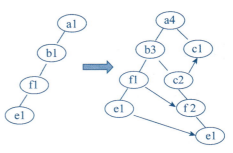

图 3.3.2　FP 树构建图

建完成。根据表 3.3.3 构建的 FP 树如图 3.3.2 所示。

第四步：挖掘频繁项集。

根据构建的 FP 树，从项头表的底部商品开始依次向上找到对应的条件模式基。在获取频繁项集的过程中，依然要删除节点数值小于最小支持度 S_min=2 的节点，即图 3.3.3 中的 c1 和 f1，把点 c1、f1 分别填充颜色来突出显示，得到频繁项集列；设置频繁项集最大项数 N=2，即只保留频繁 2 项集，得到频繁 2 项集列。整理后结果见表 3.3.4。

图 3.3.3　删除节点数值小于最小支持度 S_min 的节点示意图

表 3.3.4　挖掘频繁项集列表

商品编码	频繁项集	频繁 2 项集
e	{a2,e2} {b2,e2} {a2,b2,e2}	{a2,e2} {b2,e2}
f	{a3,f3} {b3,f3} {c2,f2} {a3,b3,f3} {a2,c2,f2} {b2,c2,f2} {a2,b2,c2,f2}	{a3,f3} {b3,f3} {c2,f2}
c	{a3,c3} {b2,c2} {a2,b2,c2}	{a3,c3} {b2,c2}
b	{a3,b3}	{a3,b3}

第五步：计算关联度。

定义每一对商品的关联度为商品对存在的订单数量占订单总数的比例。由此得到商品的订单关联度结果，如图 3.3.4 所示。

图 3.3.4　计算关联度统计表示意图

●问题管理

本任务较为复杂，主要问题是在进行商品关联度分析时，如果构建 FP 树时出现错误，或者挖掘频繁项集、设置频繁项集最大项数数量不同，都可能改变商品关联度结果。

●任务小结

通过本任务的学习，学习者能够进行商品布局分析，能够根据历史订单数据基于 FP 树进行商品关联度计算，从而为商品的摆放提供数据支持。

● 知识拓展

利用 R 语言实现线上电商商品关联分析

1. 数据预处理

在考虑对商品进行关联分析前，需要确定使用商品的哪个维度去分析，对于一般的线下零售数据，可以具体到商品类目，比如啤酒或者尿布。但是对线上电商来说，商品有很明确的分类，所以选择的维度可能有商品的一级、二级、三级类目，进而也可以从不同的维度去看商品类目之间的购买关联，同时因为线上商品数量比较多，一般不会考虑商品 SPU 或者 SKU 维度。

(1) 在数据库中取出以下字段。

create_at：订单支付时间

user_id：用户id,用于唯一识别用户

gender:性别

device:设备系统类型(Android/IOS)

categories:一级/二级/三级类目

(2) 用 Python 对 SQL 从数据库里取出来的数据进行 one hot 编码处理，代码如下：

```
import pandas as pd
import numpy as np
import prestodb
```

第一步：先取出数据，然后对商品类目进行 one hot 编码。

```
#取数方式,仅展示样式,连接不可用
conn = prestodb.dbapi.connect(
    host='',
    port=80,
    user='',
    catalog='',
schema='',
)
#执行取数sql
sql = """
select * from analystsdev.purchase_
relate_analysis_cate_one limit 1000"""
cursor = conn.cursor()
cursor.execute(sql)
```

```
data = cursor.fetchall()
column_descriptions = cursor.description
if data:
    df = pd.DataFrame(data)
df.columns = [c[0] for c in column_descriptions]
else:
df = pd.DataFrame()


# 商品类目one hot编码
one_hot = pd.get_dummies(df['category_one_cn'])
df_data = df.drop(['category_
one_en','category_one_cn'],axis = 1)
#数据拼接
df_data = df_data.join(one_hot)
```

第二步：one hot 编码完成后，按支付时间，用户 id、性别、设备系统类型进行 group by。

```
#因为数据量超级大,采用分段group by的方式
#设置变量取user id对应最大数值
max_uid=df_data['user_id'].max()
print(max_uid)
i=0
add=50000000
df_new_1=pd.DataFrame()
while i<max_uid:
  #选择数据
  df=df_data.loc[(df_data['user_id']>=i)&(df_data['user_id']<i+add)]
  df=df.groupby(['create_at','user_id','gender','device'],as_
index=False).sum()
  i=i+add
  print(i)
  #df_new_1 = df
df_new_1 = pd.concat([df_new_1,df], axis=0)
df_new = df_new_1
```

第三步：保存成 csv 文件，后续导入 R 中构建模型 df_new.to_csv（'E:\\goods_corr_anlysts_cate_one_201907to202003.csv'，index=False,encoding='utf-8'）。

2. 模型构建

前面通过 SQL 取数并且利用 Python 进行处理之后生成的 csv 文件就可以直接导入 R 中，然后调用关联算法进行相应的分析。相关代码 (R 语言) 如下：

```
###商品一级类目
###一单多件判断逻辑:同一个user_id,下单时间为同一天的商品被归类为
同一购物篮商品,筛选出购物篮中大于2件的商品及对应的支付时间###user_id
basket<-read.csv("E:/finance_data/1909/corr/
goods_corr_anlysts_cate_one_201907to202003.csv",
    header = TRUE,sep = ",", dec = ".",fileEncoding = 'utf-8')
    ###basket<-read.csv("/Users/leviwang/Desktop/
goods_corr_anlysts_cate_one_201907to09.csv",
    header = TRUE,sep = ",", dec = ".",fileEncoding = 'utf-8')
#加载相关包
library(Matrix)
library(arules)
library(arulesViz)library(grid)
#查看数据
#View(basket)
#查看列数
ncol(basket)
#查看列名
names(basket)
#查看各列数据的统计参数
summary(basket)
#basket's variable can be referenced
by their name aloneattach(basket)

#################
#delele the first two columns of basket
basket<-basket[,-c(1:2)]
##数据预处理,把数字1替换为字符串1,把数字0替换成NA
for (i in 1:ncol(basket)){
    basket[,i] <-replace(basket[i],basket[,i]==1,"1")
}
```

```
for (i in 1:ncol(basket)){
  basket[,i] <-replace(basket[,i],basket[,i]==0,NA)
}
```

```
##设定关联规则
##rules1 <- apriori(basket, parameter =
list(supp = 0.005, conf = 0.2, target = "rules",
  minlen=2,maxlen=2),appearance = list(rhs=c("女装=1"),lhs=c(
"gender=M","gender=F","gender=U")),control = list(verbose=F))
```

```
##查看不同性别的购买偏好
rules1 <- apriori(basket[,-c(2:2)], parameter
= list(supp = 0.0005, conf = 0.001, target
= "rules", minlen=2,maxlen=2),appearance =
list(lhs=c("gender=M")),control = list(verbose=F))
```

```
##查看不同设备的购买偏好
rules1 <- apriori(basket[,-c(1:1)], parameter
= list(supp = 0.0005, conf = 0.01, target =
"rules", minlen=2,maxlen=2),appearance = list(lhs
=c("device=android")),control = list(verbose=F))
```

```
##对于supp和conf的设置,不同的数据可能会有很大差异
#rules1 <- apriori(basket, parameter = list(supp =
0.005, conf = 0.2, target = "rules", minlen=2,maxlen=2))
### 查看规则基本情况
summary(rules1)
```

```
##绘制规则
plot(rules1)
```

```
#sort the rules by decreaing confidence
options(digits = 2)
rules1<-sort(rules1,by='confidence',decreasing = TRUE)
```

```
#sort the rules by decreaing lift
and identify how many rules have lift >1
    #rules1<-sort(rules1,by='lift',decreasing = TRUE)

    ##查看规则
    inspect(rules1)#write.table (inspect(rules1[1:20]), file ="E:/
finance_data/201907.csv", sep =",",
     row.names =TRUE, col.names =TRUE, quote =TRUE)
    ##quartz(family='STKaiti')
    ##rules1<- subset(rules1, lift>1)
    inspectDT(rules1)


    #par(family='STKaiti')
    plot(rules1[1:10], measure="confidence",
method="graph",shading = "support",
    control = list(verbose = TRUE))
```

3. 结果分析

通过以上关联模型，得出商品类目的购买关联关系。

(1) 商品一级类目关联规则：数码计算机、女装、男装、日用百货是主要的被关联一级类目；客户购买童装时会倾向购买女装；从提升度上看，{家居饰品，日用百货} 是有效的强关联规则。如图 3.3.5 所示。

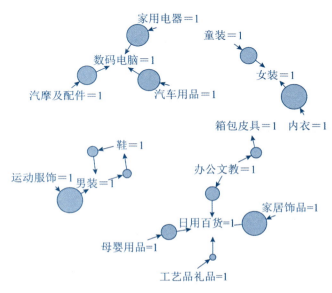

图 3.3.5　商品一级类目关联规则图

(2) 不同性别关联的 TOP10 一级类目商品情况，如图 3.3.6 所示。

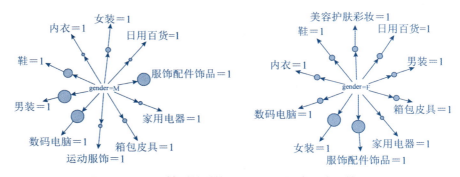

图 3.3.6　不同性别关联的 TOP10 一级类目商品情况图

(3) 不同设备关联的 TOP10 一级类目商品情况，如图 3.3.7 所示。

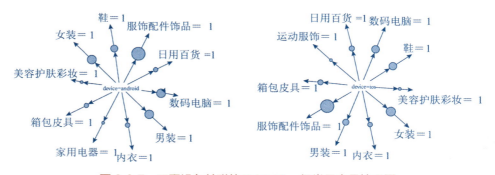

图 3.3.7　不同设备关联的 TOP10 一级类目商品情况图

(4) 商品二级类目关联规则：商品二级类目无特别明显关联规则，关联的商品和性别相关，男士在购买 T 恤时会关联购买卫衣、裤子，如图 3.3.8 所示。

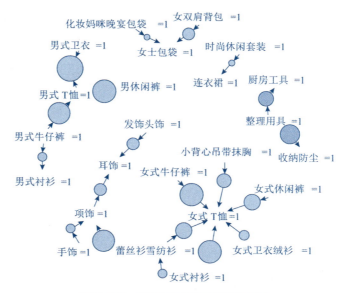

图 3.3.8　商品二级类目关联规则图

(5) 商品三级类目关联规则：从商品三级类目看，{ 耳环 , 女性耳钉 } 是相对强的关联规则，先买耳环再买女性耳钉的概率大于先买女性耳钉再买耳环，如图 3.3.9 所示。

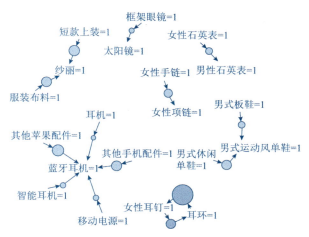

图 3.3.9 商品三级类目关联规则图

第 4 单元
拣货作业分析

【内容概览】

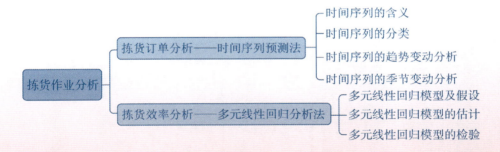

【知识目标】

1. 掌握时间序列预测方法的含义、作用、类型及应用场景和步骤;

2. 熟悉影响仓库拣货效率的因素;

3. 掌握多元线性回归分析方法的原理、作用及应用步骤。

【技能目标】

1. 能根据仓库拣货订单量数据,制作年、季、月为时间周期的时间序列;

2. 能根据拣货订单量的时间序列,建立合适的分析模型,利用 Excel 计算、检验模型和预测未来的拣货订单量；

3. 能根据拣货效率和多个影响因素的数据，建立多元线性回归模型，利用 SPSS 计算、检验模型，分析确定各影响因素和拣货效率的关系。

【职业目标】

1. 胜任仓库、配送中心等部门拣货作业主管的岗位；

2. 培养树立仓库运营成本、效率分析的意识；

3. 培养利用数据分析、决策优化改进仓库拣货作业的意识与习惯；

4. 培养数据安全的意识。

任务 1　拣货订单分析——时间序列预测法

● 任务描述

现仓库主管需要预测仓库在 2019 年的拣货订单量，请根据表 4.1.1 所提供的该仓库 2015—2018 年各季度拣货单量数据进行预测，并根据预测的结果进行战略调整和布局。

表 4.1.1　仓库 2015—2018 年各季度拣货订单量数据

年－季度	单量(万单)	年－季度	单量(万单)
2015-1	4.8	2017-1	6
2015-2	4.1	2017-2	5.6
2015-3	6	2017-3	7.5
2015-4	6.5	2017-4	7.8
2016-1	5.8	2018-1	6.3
2016-2	5.2	2018-2	5.9
2016-3	6.8	2018-3	8
2016-4	7.4	2018-4	8.4

● 任务分析

表 4.1.1 为时间序列，要预测仓库 2019 年的拣货订单量，先要分析 2015—2018 年各季度的数据特征，再建立合适的模型进行计算、分析与预测。

● 相关知识

客户订单是企业生存与发展的根本。仓库拣货作业是依据客户订单要求或送货计划安排，尽可能迅速、准确地将货品从其储位或其他区域拣取出来。在信息技术快速发展和消费需求个性化、即时化的背景下，仓库拣货方式、装备越来越多样化，因此必须对拣货订单进行深入分析，更好地整合人、机、信息、货等要素，设置标准化、流程化的运作流程，方可提高拣货效率与准确性，并降低相关成本。

拣货订单分析法，常用的是 EIQ 分析法和时间序列预测法。EIQ 分析法可了解仓库接收订单的结构和组成，为确定货品存储、拣货、分类方式等提供参考，同时在自动化仓库运营中，EIQ 特征也是影响出库拣选效率的重要因素之一。时间序列预测法是最为常用的物流需求分析与预测方法，运用此方法对历史拣货订单进行分析并建立时间预测模型进行预测，可帮助仓库预先规划拣货要素，提高拣货效率。

1. 时间序列的含义

时间序列，也叫时间数列、历史复数或动态数列，是指将同一统计指标的数值按其发生的时间先后顺序排列而成的数列。任何一个时间系列都具有两个基本要素：一是被研究现象所属的时间范围；二是反映该现象一定时间条件下的数量特征的数值，即在不同时间上的统计数据。

对序列进行分析研究可得出现象的发展过程、方向和趋势。因此，时间序列分析的主要目的：一是描述现象在过去时间的状态，分析其随着时间推移的发展趋势；二是揭示现象发展变化的规律性；三是预测现象在未来时间的数量。

2. 时间序列的分类

1) 按数据的形式不同，分为绝对数时间序列、相对数时间序列、平均数时间序列

(1) 绝对数时间序列：由时期总量指标排列而成的时间序列，又分为时期序列和时点序列。时期序列反映现象在一段时期内发展的结果；时点序列反映现象在一定时点上的瞬间水平。

(2) 相对数时间序列：把一系列同种相对数指标按时间先后顺序排列而成的时间序列。

(3) 平均数时间序列：由一系列同类平均指标按时间先后顺序排列的时间序列。

2) 按包含的影响因素不同，分为平稳序列和非平稳序列

(1) 平稳序列：指基本上不存在趋势的序列，序列中的各观察值基本上在某个固定的水平上波动，在不同时间段波动程度不同，但不存在某种规律，只随机波动。常用预测方法有以下几种。

简单平均法：计算一定观察期的数据平均数，以平均数为基础确定预测值。该方法计算简便，但将预测对象的波动平均化了，因而不能反映预测对象的变化趋势，只适合对比较稳定的、波动不大的预测对象使用。

移动平均法：采用逐项递进的办法，将时间序列中的若干项数据进行算术平均所得到的一系列平均数，有较广泛的应用。

指数平滑法：任一期的指数平滑值是本期实际观察值与前一期指数平滑值的加权平均，对离预测期较近的历史数据给予较大的权数，权数由近到远按指数规律递减。该方法是一种特殊的加权平均法，通过平滑以消除随机波动，可用于对时间序列进行短期预测，也可描述时间序列的趋势。

(2) 非平稳序列：指包含长期趋势(T)、季节变动(S)、周期变动(C)或不规则变动(I)的序列。趋势、季节性、周期性、随机性等成分中，可能只含有其中一种，也可能是几

种成分的组合。含有不同成分的时间序列所用的预测方法有所不同。

趋势变动的预测：在某种持续性、决定性的因素作用下，时间序列在较长时间内呈现出来的某种持续发展的基本趋势或状态。若这种趋势能够延续到未来，就可利用趋势进行外推预测。这种趋势可能是线性的，如持续上升或持续下降，也可能是非线性的。因此其预测方法有线性趋势预测、非线性趋势预测、自回归模型预测等，可建立相应数学模型进行外推预测。

季节变动的预测：时间序列反映的现象在一年之内有规律地重复变动，通常是由于自然气候、文化传统、商业习惯等因素影响。观察一年之内随季节变化而呈现出来的周期性波动至少需要 3 个周期的资料，并且需要以月度或季度为单位编制。其常用的预测方法有按月（按季）平均法和长期趋势剔除法，前者包含长期趋势的影响，后者是纯粹的季节变动，不包含长期趋势的影响。

周期变动型的预测：时间序列反映的现象在较长时间内呈现出的波浪式的起伏变动，如经济周期波动不断重复着上升、顶峰、下降、低谷的过程，通常是由经济环境的变化引起的，又称循环变动。周期变动不同于趋势变动，不是朝着单一方向的持续运动，而是涨落相间的交替波动；周期变动也不同于季节变动，季节变动有比较固定的规律，且变动周期大多为一年，循环变动则无固定规律，变动周期多在一年以上，且周期长短不一。其最常用的预测方法是残余法，即从时间序列中逐次或一次消去季节变动与长期趋势，再消去不规则变动，其残余结果便是周期变动。

随机性变动的预测：指偶然性因素对时间序列产生影响，导致不规则的变动趋势，无明显规律，可能为多项变动因素的混合结果，也称不规则变动。不规则变动往往是不可预测的、不重复的，在短时期内发挥影响，可采用残余法测定。

3. 时间序列的趋势变动分析

长期趋势是时间序列变动影响因素中最基本、最常见的因素。对长期趋势的测定与分析，是时间序列分析的重要工作。其目的主要有三个：一是为了认识现象随时间发展变化的趋势和规律性；二是为了对现象未来的发展趋势做出预测；三是为了从时间序列中剔除长期趋势成分，以便于分解出其他类型的影响因素。其分析方法有多种，最常用的有移动平均法和趋势模型法。

1) 移动平均法

移动平均法是指采用对系列逐项递移的方式，将时间序列中的若干项数据进行算术平均所得到的一系列序时平均数。序时平均数所形成的新系列，一定程度上消除或削弱了原系列中由于短期偶然因素引起的不规则变动和其他成分，对原序列的波动起到一定的修匀作用，从而呈现出现象在较长时期的发展趋势。

2) 趋势模型法

(1) 线性趋势模型法。当时间序列的长期趋势近似地呈现为直线，每期的增减数量大致相同时，则称时间序列具有线性趋势。线性趋势的特点是其逐期变化量或趋势线的斜率基本保持不变。其模型法是利用时间作为自变量的线性回归方法对原时间序列拟合线性方程，消除其他成分变动，从而揭示出序列长期线性趋势的方法。线性趋势方程的一般形式为：

$$\hat{y}_t = a + bt$$

式中，$\hat{y}_t$ 为时间序列 y_t 的趋势值；

t 为时间的标号，可以是年、月、日；

a 为截距项，即当 $t = 0$ 时的初始值；

b 为趋势线的斜率，表示当时间变动一个单位时，趋势值的平均变动数量。

通常利用最小二乘法估计线性趋势方程的参数，即

$$\begin{cases} b = \dfrac{n\sum ty - \sum t \sum y}{n\sum t^2 - \left(\sum t\right)^2} = \dfrac{\overline{ty} - \overline{t}\,\overline{y}}{\overline{t^2} - \overline{t}^2} \\ a = \overline{y} - b\overline{t} \end{cases}$$

式中，n 为时间序列中数据的项数；

y 为时间序列中各项的数值，即各时间的实际观测值。

(2) 非线性趋势模型法。当时间序列在各时期的变动随时间而异，各时期的变化率或趋势线的斜率有明显变动但又有一定规律性时，现象的长期趋势将不再是线性的，这时现象的长期趋势可能是非线性趋势。非线性趋势变动的形式多种多样，常用的有抛物线型和指数曲线型。

抛物线型：当现象的长期趋势近似于抛物线时，可拟合如下二次曲线方程。

$$\hat{y}_t = a + bt + ct^2$$

式中，$\hat{y}_t$ 为时间序列 y_t 的趋势值；

t 为时间的标号；

a、b、c 为参数。

要估计参数，可将 t 和 t^2 分别视为两个自变量，按多元回归的方式用最小二乘法估计方程的参数。

指数曲线型：当现象发展水平每期按大体相等的增长速度变化时（即各期的环比发展速度大致相等），则可拟合指数曲线。

$$\hat{y}_t = ab^t$$

式中，$\hat{y}_t$ 为时间序列 y_t 的趋势值；

t 为时间的标号；

a、b 为参数。

为估计参数，可方程两端取对数，得：

$$\log \hat{y}_t = \log a + t \log b$$

设定 $Y' = \log \hat{y}_t$，$A = \log a$，$B = \log b$，则有 $Y' = A + Bt$。

利用时间序列的数据，运用最小二乘法估计出 $\log a$ 和 $\log b$，再取反对数，即可得参数 a、b 的估计值。

最后进行值检验、拟合优度检验、t 检验、F 检验，通过后就可用模型进行预测了。

4. 时间序列季节变动分析

在社会经济领域，有很多现象的数量变化呈现出季节性规律，其最简单的表现方式是有淡季与旺季之别。认识并测定季节变动的规律对于正确指导生产、流通、消费都具有重要的意义：分析和测定过去的季节变动规律，为当前的决策提供依据；为未来现象的季节变动做出预测，以便提前做出合理的安排；当需要不包含季节变动因素的数据时，能够消除季节变动对时间系列的影响，以便更好地分析其他因素。

测定季节变动的方法很多，常用的有按月（季）平均法、趋势剔除法和虚拟变量法等。

1) 按月（季）平均法

这种方法不考虑长期趋势影响，即当时间序列的长期趋势近似于水平趋势时，采用原始资料平均法，直接计算季节比率，也称为同期（月或季）平均法。其步骤如下：

(1) 计算各年同期（月或季）的平均数 $\bar{y}_i$（i 表示月份或季度，$i=1, 2, \cdots, 12$ 或 $i=1, 2, 3, 4$)，其目的是消除各年同一季节数据上的不规则变动；

(2) 计算全部数据的总平均数，找出整个序列的水平趋势；

(3) 计算季节比率 S_i，即

$$S_i = \frac{\bar{y}_i}{\bar{y}} \quad (i \text{ 表示月份或季度，} i = 1, 2, \cdots, 12 \text{ 或 } i = 1, 2, 3, 4)$$

季节比率实际上是各年的同期平均数相对于整个序列平均水平变动的程度，也称为季节指数，可用相对比率或百分比表示。

(4) 对季节比率进行分析，绘制季节指数波动图，利用季节指数进行时间序列的预测分析等。

此方法比较简单，但要注意基本假定前提是原时间序列没有明显的长期趋势和循环变动，通过各年同期数据的平均可以消除不规则变动，而且当平均的期间与循环周期基本一致时，也在一定程度上消除了循环变动。

2) 趋势剔除法

原时间序列有长期趋势影响时，可根据剔除长期趋势后的数据测定季节变动。基本步骤如下：

(1) 根据原始数据序列计算时间序列的长期趋势值 T_{ij}；

(2) 消除原始数据中的趋势变动，即计算各年内每月（季）的实际值与相应的趋势值的比率，称为修匀比率（或暂定比率）r_{ij}；

$$r_{ij} = \frac{\text{实际值}}{\text{趋势值}} = \frac{y_{ij}}{T_{ij}} \quad (i = 1, 2, \cdots, R; \ j = 1, 2, \cdots, C)$$

（注意：当移动趋势剔除时，首尾各缺失若干项，j 的起点终点做适当调整。）

(3) 把修匀比率按一定形式重新排列，计算同期平均，可以消除不规则变动的影响；

(4) 对季节比率进行分析，绘制季节指数波动图，利用季节指数进行时间序列的预测分析等。

3) 虚拟变量法

许多经济变量是可以定量度量的，如商品需求量、价格、收入、产量等定量因素，但也有一些影响经济变化的如职业、性别、国籍、受教育程度、健康状况等无法定量度量的定性因素，如职业、性别对收入的影响，战争、自然灾害对 GDP 的影响，季节对某些产品销售的影响等均不好预测研究。为了在预测研究模型中能够反映出这些因素的影响，需要将它们量化，通常这种量化是引入虚拟变量来完成的。引入虚拟变量的作用有：首先，可以描述和测定定性因素的影响；其次，能够正确反映经济变量之间的相互关系，提高模型的精度；最后，便于处理异常数据，即设置虚拟变量，将异常数据作为一个特殊的定性因素。

根据定性因素的属性类型，量化时只取 "0" 或 "1" 的人工变量，通常就称为虚拟变量 (dummy variables)，记为 D，其中赋值为 0 的一类称为基准类。

例如，文化程度只分为本科、非本科学历两种类型时，其虚拟变量引入 1 个，取值为：

$$D = \begin{cases} 1, \text{本科学历} \\ 0, \text{非本科学历} \end{cases}$$

但如果文化程度分为大专以下、本科、研究生学历三种类型，其虚拟变量需要引入 2 个，取值为：

$$D_1 = \begin{cases} 1, \text{本科学历} \\ 0, \text{其他} \end{cases} \qquad D_2 = \begin{cases} 1, \text{研究生学历} \\ 0, \text{其他} \end{cases}$$

大专以下学历为基准类。

所以，对于一个定性因素，若有 m 个类型时，应该设置 $m-1$ 个虚拟变量来反映该因素的影响。

当使用含有季节因素的经济数据进行回归分析时，可以对数据进行季节调整，消除原数据带有的季节性影响，也可以使用虚拟变量描述季节因素，进而可以计算出各个不同季节对经济变量的不同影响。季度有 4 种分类，需要建立三个虚拟变量，用 Q_i 表示第

i 季度，取值为 1，其他季度取值为 0 的季节虚拟变量：

$$Q_1 = \begin{cases} 1, \text{属于第一季度} \\ 0, \text{其他} \end{cases} \qquad Q_2 = \begin{cases} 1, \text{属于第二季度} \\ 0, \text{其他} \end{cases}$$

$$Q_3 = \begin{cases} 1, \text{属于第三季度} \\ 0, \text{其他} \end{cases}$$

第四季度为基准类。

如果用月度数据时，方法类似，但需要有 11 个虚拟变量。

在回归模型中，自变量只有虚拟变量时，可建立方差分析模型；如自变量既有虚拟变量，又有定性变量时，要建立协方差分析模型。

如果 Y 只有季度因素的影响，建立方差分析模型：

$$Y_i = \alpha_0 + \alpha_1 Q_1 + \alpha_2 Q_2 + \alpha_3 Q_3 + \varepsilon_i \quad (i = 1, 2, 3, 4)$$

式中，a_1、a_2、a_3、a_4 为系数，分别反映各季度对 Y_i 的平均影响程度；

ε_i 为随机误差项，且 $E(\varepsilon_i) = 0$。

如果 Y 不仅有季度因素的影响，还有一个定性因素的影响，要建立协方差分析模型：

$$Y_i = \alpha_0 + \alpha_1 Q_1 + \alpha_2 Q_2 + \alpha_3 Q_3 + \beta X_i + \varepsilon_i$$

式中，X 是定性因素，β 为系数。

最后进行 P 值检验、拟合优度检验、t 检验、F 检验，通过后就可用模型进行预测。

●任务准备

准备计算机、Excel、计算器、纸、笔等基本工具。

●任务实施

第一步：根据表 4.1.1 的数据，应用 Excel 绘制曲线趋势图（如图 4.1.1 所示），并分析特征。

图 4.1.1　仓库 2015—2018 年各季度拣货单量数据趋势图

图 4.1.1 中表现的明显特征有：

(1) 存在季节性波动，并且 2015—2018 年的季节趋势基本一致；

(2) 整体呈稳定增长趋势。

第二步：根据数据特征，建立对应分析的新时间序列。

根据原数据所表现的递增趋势和季节波动特征，对表 4.1.1 原数据进行处理。考虑季度、趋势 T 两个成分的影响，季度因素有 4 个季度，则需引入 3 个虚拟变量 Q_1、Q_2、Q_3，如表 4.1.2 所示。建立了包含季度、时间趋势的新时间序列，注意时间因素需按每年 4 个季度从 1 顺次排到 16。

表 4.1.2　包含季度与时间趋势的新时间序列

年-季度	单量(万单)	年份	季度	时间编码	Q_1	Q_2	Q_3	单量(万单)
2015-1	4.8	2015	1	1	1	0	0	4.8
2015-2	4.1	2015	2	2	0	1	0	4.1
2015-3	6	2015	3	3	0	0	1	6
2015-4	6.5	2015	4	4	0	0	0	6.5
2016-1	5.8	2016	1	5	1	0	0	5.8
2016-2	5.2	2016	2	6	0	1	0	5.2
2016-3	6.8	2016	3	7	0	0	1	6.8
2016-4	7.4	2016	4	8	0	0	0	7.4
2017-1	6	2017	1	9	1	0	0	6
2017-2	5.6	2017	2	10	0	1	0	5.6
2017-3	7.5	2017	3	11	0	0	1	7.5
2017-4	7.8	2017	4	12	0	0	0	7.8
2018-1	6.3	2018	1	13	1	0	0	6.3
2018-2	5.9	2018	2	14	0	1	0	5.9
2018-3	8	2018	3	15	0	0	1	8
2018-4	8.4	2018	4	16	0	0	0	8.4

第三步：确定分析模型，如建立季节 Q、时间 t 为自变量，拣货订单量为因变量的多元回归方程。

如果不考虑季节因素，仅考虑随着时间推移的线性增长趋势，则回归方程为：

$$\hat{y}_t = b_0 + b_4 t$$

如果不考虑增长趋势，仅考虑季节因素，则回归方程为：

$$\hat{y}_t = b_1 Q_1 + b_2 Q_2 + b_3 Q_3$$

综合考虑季节性和线性增长趋势，则时间序列回归模型为：

$$\hat{y}_t = b_0 + b_1 Q_1 + b_2 Q_2 + b_3 Q_3 + b_4 t$$

第四步：应用 Excel 辅助计算。

在 Excel 工作表中输入表 4.1.2 中的新时间序列，如图 4.1.2 所示。注意拣货单量数据，即 Y 值在 J2:J17。在 Excel 工作表菜单中单击"数据"，在下级菜单中单击"数据分析"。

图4.1.2 所示的表格内容：

年-季度	单量(万单)		年份	季度	时间编码	Q1	Q2	Q3	单量(万单)
2015-1	4.8		2015	1	1	1	0	0	4.8
2015-2	4.1		2015	2	2	0	1	0	4.1
2015-3	6		2015	3	3	0	0	1	6.0
2015-4	6.5		2015	4	4	0	0	0	6.5
2016-1	5.8		2016	1	5	1	0	0	5.8
2016-2	5.2		2016	2	6	0	1	0	5.2
2016-3	6.8		2016	3	7	0	0	1	6.8
2016-4	7.4		2016	4	8	0	0	0	7.4
2017-1	6		2017	1	9	1	0	0	6.0
2017-2	5.6		2017	2	10	0	1	0	5.6
2017-3	7.5		2017	3	11	0	0	1	7.5
2017-4	7.8		2017	4	12	0	0	0	7.8
2018-1	6.3		2018	1	13	1	0	0	6.3
2018-2	5.9		2018	2	14	0	1	0	5.9
2018-3	8		2018	3	15	0	0	1	8.0
2018-4	8.4		2018	4	16	0	0	0	8.4

图 4.1.2 应用 Excel 计算步骤 1

在新弹跳出来的对话框中选择"回归"，单击右边的"确定"，如图 4.1.3 所示。

图 4.1.3 应用 Excel 计算步骤 2

在新对话框的"Y 值输入区域"，选择 J2:J17 区域 (输入也可以)，在"X 值输入区域"，选择 F2:I17 区域 (输入也可以)，后续在下面的置信度 $(1-\alpha)$ 中输入 95%，进一步在"输出选项"选择计算结果的输出指定位置，最后单击右上角的"确定"，如图 4.1.4 所示。

图 4.1.4 应用 Excel 计算步骤 3

在指定的输出位置，就出现如图 4.1.5 所示的表格。

SUMMARY OUTPUT

回归统计	
Multiple R	0.98806594
R Square	0.976274301
Adjusted R Square	0.967646775
标准误差	0.216663753
观测值	16

方差分析

	df	SS	MS	F	Significance F
回归分析	4	21.248	5.312	113.1581	7.37582E-09
残差	11	0.516375	0.046943		
总计	15	21.76438			

	Coefficients	标准误差	t Stat	P-value	Lower 95%	Upper 95%	下限 95.0%	上限 95.0%
Intercept	6.06875	0.162498	37.34666	6.12E-13	5.711094721	6.426405	5.711095	6.426405
X Variable 1	0.145625	0.012112	12.02333	1.14E-07	0.118966949	0.172283	0.118967	0.172283
X Variable 2	-1.363125	0.157454	-8.65727	3.06E-06	-1.70967966	-1.01657	-1.70968	-1.01657
X Variable 3	-2.03375	0.155108	-13.1119	4.66E-08	-2.37513962	-1.69236	-2.37514	-1.69236
X Variable 4	-0.304375	0.153682	-1.98055	0.073201	-0.64262774	0.033878	-0.64263	0.033878

图 4.1.5 应用 Excel 回归分析结果

第五步：模型检验与预测。

从 Excel 输出结果中可见，多重决定系数 $R^2 = 0.976274$，说明建立的方程拟合度较高，即预测方程可解释因变量 97.6% 的变异，模型预测效果较好。

如图 4.1.5 中可见，F 值为 113.1581，P 值小于 0.05，表明 F 检验通过，说明模型整体具有显著性。也可在 F 分布表中查出 α 取 0.05 时，第一自由度为 k 和第二自由度为 $(n-k-1)$ 的临界值 $F_{0.05}(4, 16-4-1) = 3.36$，$F$ 值为 113.1581，远大于 3.36，也说明模型整体具有显著性。

如图 4.1.5 中可见，模型各系数的 P 值均小于 0.1，通过 t 检验，模型系数显著不为 0，自变量与因变量存在显著的相关关系。

从 Excel 输出结果中，$b_0 = 6.07$，$b_1 = -1.36$，$b_2 = -2.03$，$b_3 = -0.30$，$b_4 = 0.15$。最终时间序列预测模型为：

$$Y = 6.07 - 1.36Q_1 - 2.03Q_2 - 0.30Q_3 + 0.15t$$

计算第一季度时，$Q_1 = 1$，Q_2、Q_3 为 0，$t = 17$；

计算第二季度时，$Q_2 = 1$，Q_1、Q_3 为 0，$t = 18$；

计算第三季度时，$Q_3 = 1$，Q_1、Q_2 为 0，$t = 19$；

计算第四季度时，Q_1、Q_2、Q_3 都为 0，$t = 20$。

所以，2019 年 4 个季度拣货订单量预测结果为：

$Q_1 = 7.26$，$Q_2 = 6.74$，$Q_3 = 8.62$，$Q_4 = 9.07$。

● 问题管理

本任务利用时间序列预测法对仓库未来拣货订单量进行分析，主要问题是要根据所给的数据特征，建立对应分析的新时间序列，并引入虚拟变量 Q_i，建立季节 Q、时间 t 为自变量，拣货订单量为因变量的多元线性回归方程进行预测。

●知识拓展

1. 时间序列构成因素的组合模型

序列的平稳性是时间序列建模的重要前提，如果序列非平稳，就要采用合适的方法进行序列的平稳化转换。因此，时间序列可分解为多种模型，最常用的是加法模型和乘法模型。

如果趋势(T)、季节性(S)、周期性(C)、随机性(I)4种变动因素是相互独立的关系，时间序列便是各因素相加的和，表现为：

$$Y = T + S + C + I$$

如果4种变动因素是相互交错影响的关系，时间序列便是各因素的乘积模型，表现为：

$$Y = T \times S \times C \times I$$

两种模式只是形式上不同，因为对乘法模式取对数，就成为加法模式，即

$$\log Y = \log T + \log S + \log C + \log I$$

一般来说，在序列中，长期趋势是经常存在的，季节变动因素和周期变动因素则不一定存在。当季节变动成分或周期变动成分不存在时，在加法模型中的S或C取值为0，在乘法模型中的S或C取值为1。

需要说明的是，序列组合模型中包含了4类成分，这是时间序列的完备模式，但并非在每个时间序列中都同时存在这4类成分。要分别研究各种构成因素的变动规律以及对时间序列的影响，就需要从序列中把各种构成因素分解出来。只有这样，才能识别某种构成因素是否存在，才能分别描述各种构成因素的变动规律。对时间序列的分解方法也因组合模式不同而分为两种。

加法模式采用减法分解，例如：

$$T = Y - (S + C + I)$$
$$C + I = Y - (T + S)$$

乘法模式用除法分解，例如：

$$T = \frac{Y}{S \times C \times I}$$
$$S \times I = \frac{Y}{T \times C}$$

2. 时间序列循环变动分析

循环变动通常用来描述自由经济现象中的一般循环，与季节变动类似，循环变动也是一种周期性的变化，但不同的是，循环变动的周期在若干年而不是一年之内的规律，

且循环波动的周期缺乏规则和稳定性，循环周期长短不一，短则三五年，长则数十年，有时多种不同长度的周期会混杂在一起。所以很难像预测季节变动那样预测循环变动。但是，利用时间序列几种变动因素间的相互关系（主要利用乘法模型），可以通过对原始数列的分解来大致测定循环变动状态。

1) 对年度资料的循环变动测定

如果序列是按年统计的，则此序列无法表示季节变动，因为年度资料中包含了所有季节。此时，短期的不规则变动趋于消失，可以忽略不计。这样，序列只受两种因素，即长期趋势和循环变动的影响，根据乘法模型，就变成：

$$Y = T \times C \ \text{即} \ C = Y/T$$

把原序列的实际值 (Y) 除以长期趋势值 (T) 后，就得到了循环变动系数 C，这个值乘以 100%。这种方法计算简便，容易理解，是常用的循环变动测定法，但是它有一定的前提，当数据资料是以月度、季度为存储单位时不可如此直接计算。

2) 对月度（季度）资料的循环变动测定

在分月（季）资料中，存在季节变动的影响，同样还受不规则变动的影响，为了同时消除长期趋势和季节变动，可以先把原始序列实际值除以长期趋势值和季节变动指数，得到循环不规则系数 CI，即 $(T \times C \times S \times I)/(T \times S) = CI$。通过对 CI 计算加权移动平均值，即可消除不规则变动 I，最后得出的平均数就是循环变动系数 C。

● 任务小结

本任务利用时间序列预测法对仓库未来拣货订单量进行分析，首先分析确定影响拣货订单量的因素（变量），建立对应的分析预测模型，再对所建模型进行假设检验，其中包括 t 检验、F 检验及计算 P 值，用于检验模型中自变量对应变量之间的相关性是否显著、模型整体是否显著，并计算模型拟合度指标 (R^2)，评价模型整体对原始资料的拟合程度高低。上述检验通过之后，就可以使用该模型进行下一步的预测分析了。由于计算复杂，大家要学会应用 Excel 来帮助计算。

任务 2　拣货效率分析——多元线性回归分析法

● 任务描述

请根据表 4.2.1 所提供的仓库拣货效率和影响拣货效率各因素的数值，建立多元线性回归分析模型，并利用 SPSS 进行计算分析，通过分析仓库拣货效率的影响因素，看看是哪些因素能够有效提高仓库拣货效率。

表 4.2.1　仓库拣货效率与各影响因素数值表

拣货效率_log	单件拣选时间	接收订单量	行均件数	每个容器拣选SKU品类数	开启拣选工作站数量
2.06	19.19	3926	1.23	1.24	7
2.04	18.22	4100	1.17	1.26	7
1.97	18.08	3503	1.20	1.21	7
2.07	19.31	3883	1.32	1.26	7
2.06	18.11	3741	1.26	1.26	7
2.08	17.27	3700	1.28	1.26	7
2.06	17.69	3699	1.29	1.27	7
1.98	14.88	3430	1.22	1.19	5
2.07	15.11	3275	1.20	1.22	5
2.13	15.42	3790	1.19	1.23	5
2.07	18.46	4295	1.22	1.30	7
2.10	17.72	4033	1.20	1.28	7
2.16	15.16	3754	1.34	1.23	5
2.17	15.98	3536	1.37	1.24	5
2.14	15.42	3545	1.29	1.26	5
2.13	15.92	3514	1.22	1.26	5
2.09	14.81	3256	1.23	1.24	5
2.10	16.79	3244	1.33	1.23	5
2.23	17.26	4158	1.35	1.28	5
2.15	15.35	3553	1.31	1.22	5

● 任务分析

　　表 4.2.1 的数据表包括一个因变量（拣货效率）和多个自变量（接收订单量、行均件数、单件拣选时间、每个容器拣选 SKU 品类数、开启拣选工作站数量）。请用多元线性回归分析法，分析各影响因素和拣货效率的关系，从而构建最佳拣货效率的拣货环境。

● 相关知识

　　拣货分析包括整体分析和效率分析，整体分析是拣货作业分析的基础，效率分析是拣货分析的核心。自动化仓库的拣选效率是评价其运营水平的重要指标。影响拣选效率的因素有很多，通常包含以下因素：接收订单量、行均件数、单件拣选时间、每个容器拣选 SKU 品类数、开启拣选工作站数量。

这些因素可能单一影响拣货效率，也有可能几种因素综合在一起共同影响拣货效率。前者可用一元线性回归法度量每个因素对拣选效率的影响，后者可用多元线性回归法进行分析。

影响拣货效率的因素较多，这些因素错综复杂，要全面揭示这种复杂的依存关系，准确地测定它们的数量变动，提高预测和控制的精确度，就要建立多元回归模型，进行更为深入和系统的分析。

1. 多元线性回归模型及假设

1) 多元线性回归模型

研究在线性相关条件下两个或两个以上自变量对一个因变量的数量变动关系，称为多元线性回归，表现这个数量关系的数学公式，称为多元线性回归模型。多元线性回归分析是对一元线性回归分析的拓展，其步骤、方法和一元线性回归分析基本上相类似，只是变量较多，在计算上相对比较复杂。

多元线性回归描述的是因变量 y 如何依赖自变量 x_1，x_2，$\cdots$，x_k 的方程，称为多元回归模型。涉及 k 个自变量的多元回归模型可用函数表示为：

$$y = b_0 + b_1 x_1 + b_2 x_2 + \cdots + b_k x_k + \mu$$

式中，b_0，b_1，b_2，$\cdots$，b_k 是参数；

μ 是符合正态分布的随机变量，表示误差项。

对因变量 y 及自变量 $x_1, x_2, \cdots, x_k$ 作 n 次观测后，所得 n 组观测样本 $(y_t, x_{1t}, x_{2t}, \cdots, x_{kt})$ $(i = 1, 2, \cdots, n)$，可得 y 的期望函数：

$$E(y_t) = b_0 + b_1 x_{1t} + b_2 x_{2t} + \cdots + b_k x_{kt}$$

它是自变量的多元线性函数，称为多元线性总体回归方程。

假定通过适当的方法可估计出未知参数的值，用参数估计值替换总体回归函数的未知参数，就得到多元线性样本回归方程：

$$\hat{y}_t = \hat{b}_0 + \hat{b}_1 x_{1t} + \hat{b}_2 x_{2t} + \cdots + \hat{b}_k x_{kt}$$

由样本回归方程得到的因变量估计值 y_t 与实际观测值 y_t 之间通常存在偏差，这一偏差就是残差 e_t。多元线性样本回归模型也可表示为：

$$y_t = \hat{y}_t + e_t = \hat{b}_0 + \hat{b}_1 x_{1t} + \hat{b}_2 x_{2t} + \cdots + \hat{b}_k x_{kt} + e_t$$

2) 多元线性回归模型的基本假定

误差项 μ 是一个期望值为 0 的随机变量，即 $E(\mu) = 0$；

对于自变量 x_1，x_2，$\cdots$，x_k 的所有值，μ 的方差 σ^2 都相同；

误差项是一个服从正态分布的随机变量，即 $\mu \sim N(0, \sigma^2)$，且互不相关；

各自变量 x_1，x_2，$\cdots$，x_k 互不相关，且均与误差项 μ 不相关。

2. 多元线性回归模型的估计

与简单线性回归模型的估计方法一样，可以用残差平方和最小二乘法估计模型的回归参数。设 $(y_t, x_{1t}, x_{2t}, \cdots, x_{kt})$ 为第 t 次观测样本 $(t=1,2,\cdots,n)$，为使残差 $e_t = y_t - \hat{y}_t = y_t - (\hat{b}_0 + \hat{b}_1 x_{1t} + \hat{b}_2 x_{2t} + \cdots + \hat{b}_k x_{kt})$ 的平方和达到最小，根据极值原理有如下条件：

$$\sum e_t^2 = \sum (y_t - \hat{y}_t)^2 = \sum [y_t - (\hat{b}_0 + \hat{b}_1 x_{1t} + \hat{b}_2 x_{2t} + \cdots + \hat{b}_k x_{kt})]^2$$

$$\frac{\partial(\sum e_t^2)}{\partial \hat{b}_j} = 0 \ (j = 0, 1, 2, ..., k)$$

即
$$\begin{cases}
\sum 2e_t(-1) = -2\sum[y_t - (\hat{b}_0 + \hat{b}_1 x_{1t} + \hat{b}_2 x_{2t} + \cdots + \hat{b}_k x_{kt})] = 0 \\
\sum 2e_t(-x_{1t}) = -2\sum x_{1t}[y_t - (\hat{b}_0 + \hat{b}_1 x_{1t} + \hat{b}_2 x_{2t} + \cdots + \hat{b}_k x_{kt})] = 0 \\
\sum 2e_t(-x_{2t}) = -2\sum x_{2t}[y_t - (\hat{b}_0 + \hat{b}_1 x_{1t} + \hat{b}_2 x_{2t} + \cdots + \hat{b}_k x_{kt})] = 0 \\
\cdots\cdots \\
\sum 2e_t(-x_{kt}) = -2\sum x_{kt}[y_t - (\hat{b}_0 + \hat{b}_1 x_{1t} + \hat{b}_2 x_{2t} + \cdots + \hat{b}_k x_{kt})] = 0
\end{cases}$$

整理后得正规方程组：

$$n\hat{b}_0 + \hat{b}_1 \sum x_t = \sum y_t$$

$$\hat{b}_0 \sum x_t + \hat{b}_1 \sum x_t^2 = \sum x_t y_t$$

多元线性回归系数的估计可利用 SPSS、Excel 计算，十分方便。

3. 多元线性回归模型的检验

1) 拟合优度的检验

拟合优度是指样本回归直线与观测值之间的拟合程度。可用多重决定系数 R^2 衡量，R^2 指回归平方和与总离差平方和的比值。

多元线性回归有如下总变差分解式：

$$\sum (y_t - \bar{y})^2 = \sum (y_t - \hat{y}_t)^2 + \sum (\hat{y}_t - \bar{y})^2$$

即，总离差平方和 = 残差平方和 + 回归平方和

用字母表示为：$TSS = RSS + ESS$

对应的自由度：$n - 1 = (n - k - 1) + k$

$R^2 = \dfrac{ESS}{TSS}$，或者表示为：$R^2 = \dfrac{TSS - RSS}{TSS} = 1 - \dfrac{RSS}{TSS} = 1 - \dfrac{\sum e_t^2}{\sum (y_t - \bar{y})^2}$

总离差平方和反映了因变量观测值总离差的大小；回归平方和反映了因变量回归估计值所说明的总离差的大小，它是因变量观测值总离差中由自变量解释的那部分离差；残差平方和反映了因变量观测值与估计值之间的总离差，是因变量观测值总离差中未被自变量解释的那部分。

自由度 df(degree of freedom) 指可自由取值的自变量的个数，即计算某一统计量时，取值不受限的变量个数。在回归分析方程中，用 OLS(ordinary least square) 普通最小二乘法估计值时，对于 TSS，一共有 n 个预测样本数值，应该有 n 个自由度，但是其中一个自由地用于估计了均值，还剩下 $n-1$ 个，所以自由度为 $n-1$；对于 RSS，在得到 OLS 估计值时，对 OLS 施加了 $k+1$ 个限制，残差中只有 $n-(k+1)$ 个自由度；对于 ESS，即拟合值与均值之差的平方和，拟合值需要知道 $k+1$ 个系数，但是均值占用了一个自由度，自由度的取值变量个数为 k 个。

显然，回归平方和越大，残差平方和就越小。多重决定系数是介于 0 到 1 之间的一个数。R^2 越大，模型对数据的拟合程度就越好，自变量对因变量的解释能力越强。一般当 $R^2 > 0.5$ 时，就可认为拟合程度较好。当 $R^2 = 1$ 时，因变量的变化 100% 由回归直线解释，所有观测点都落在回归直线上。当 $R^2 = 0$ 时，自变量与因变量之间没有任何线性关系。

在样本容量一定的情况下，R^2 是模型中自变量个数的不减函数，随着模型中自变量的增加，R^2 的值就会随之增大，这时就会造成一个错觉：模型自变量的个数越多，模型拟合得越好。但是，增加自变量必定使得待估参数的个数增加，从而损失自由度，而且在实际应用中，过多的自变量不仅会导致模型计算的工作量增多，还可能会导致模型出现过拟合现象，一味地追求较多的自变量是不可取的。因此，在比较因变量相同而自变量个数不同的两个模型的拟合程度时，不能简单地对比 R^2，需要用自由度去修正 R^2 中的残差平方和与回归平方和，引入修正的决定系数 $\bar{R}^2$，其计算公式为：

$$\bar{R}^2 = 1 - \frac{n-1}{n-k-1} \cdot (1 - R^2)$$

由此公式可以看出，当 $k>1$ 时，$\bar{R}^2 < R^2$，这意味着随着自变量的增加，修正决定系数不大于未经修正的决定系数。

在实际应用中，人们希望所建模型的 R^2 或 $\bar{R}^2$ 越大越好。但应注意，多重决定系数只是对模型拟合度的度量，R^2 或 $\bar{R}^2$ 越大，只是说明列入模型中的自变量对因变量的联合影响程度越大，并非说明模型中各个自变量对因变量的影响程度也会越大。在回归分析中，不仅要模型的拟合度好，而且还要得到总体回归系数的可靠估计量。因此，选择模型时，不能单纯地凭多重决定系数的高低断定模型的优劣。

2) 回归参数的显著性检验：t 检验

回归参数的显著性检验，目的在于检验当其他自变量不变时，该回归系数对应的自变量是否对因变量有显著影响。

由参数估计量的分布性质可知，回归系数的估计量服从如下正态分布：

$\hat{b}_j \sim N(b_j, \mathrm{var}(\hat{b}_j))$，可证明该统计量服从自由度为 $n-k-1$ 的 t 分布，即

$t = \dfrac{\hat{b}_j - b_j}{\hat{\sigma}\sqrt{c_{jj}}} \sim t(n-k-1)$ ，用 t 统计量进行回归参数的显著性检验，其具体过程如下：

第一步，提出假设：$H_0 : b_j = 0, H_1 : b_j \neq 0 (j = 0, 1, 2, \cdots, k)$

第二步，根据样本观测值，计算 t 统计量的值：

$t = \dfrac{\hat{b}_j}{\hat{\sigma}\sqrt{c_{jj}}}$ ，在 H_0 成立的条件下，$t = \dfrac{\hat{b}_j - b_j}{\hat{\sigma}\sqrt{c_{jj}}} = \dfrac{\hat{b}_j - 0}{\hat{\sigma}\sqrt{c_{jj}}} = \dfrac{\hat{b}_j}{\hat{\sigma}\sqrt{c_{jj}}} \sim t(n-k-1)$

第三步，比较判断：给定显著性水平 α ，查自由度为 $(n-k-1)$ 的 t 分布表，得临界值 $t_{\alpha/2}(n-k-1)$ 。若 $|t| \geq t_{\alpha/2}(n-k-1)$ ，就拒绝 $H_0 : b_j = 0$ ，接受 $H_1 : b_j \neq 0$ ，说明自变量 x_j 对因变量 y 的影响是显著的。若 $|t| < t_{\alpha/2}(n-k-1)$ ，就接受 H_0 ，说明自变量 x_j 对因变量 y 的影响不显著。

显著性水平是估计总体参数落在某一期间内可能犯错误的概率，用 α 表示。通常是做假设检验的 P 值，用来判断检验是否具有统计学意义。

3) 回归方程的显著性检验：F 检验

t 检验只是对单个回归系数是否显著进行了推断，由于多元线性回归模型有多个自变量，它们同因变量之间是否存在显著的线性关系还需进一步判断，即对回归系数进行整体显著性检验。检验模型中因变量与自变量之间的线性关系在总体上是否显著成立，即是检验方程 $y_t = b_0 + b_1 x_{1t} + b_2 x_{2t} + \cdots + b_k x_{kt} + \mu_t$ 中所有自变量的参数是否存在一个不为 0，即自变量的线性组合和因变量的相关关系是否显著。按照假设检验的原理与程序，提出原假设与备择假设为：

$H_0 : b_1 = b_2 = \cdots = b_k = 0, H_1 : b_j$ 不全为零。由于 y_t 服从正态分布，根据数理统计学中的定义，y_t 的一组样本的平方和服从 χ^2 分布。所以有：

$$ESS = \sum (\hat{y}_t - \overline{y})^2 \sim \chi^2(k)$$
$$RSS = \sum (y_t - \hat{y}_t)^2 \sim \chi^2(n-k-1)$$

即回归平方和、残差平方和分别服从自由度为 k 和 $(n-k-1)$ 的 χ^2 分布。将自由度考虑进去进行方差分析，根据数理统计学中的定义，可以证明，在 H_0 成立的条件下，统计量 $F = \dfrac{ESS/k}{RSS/(n-k-1)}$ ，服从第一自由度为 k 和第二自由度为 $(n-k-1)$ 的 F 分布。如图 4.2.1 所示。

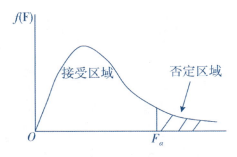

图 4.2.1　阴影部分为检验的否定区域

F 检验的具体步骤为：

第一步，给定显著性水平 α，在 F 分布表中查出第一自由度为 k 和第二自由度为 $(n-k-1)$ 的临界值 $F_{\alpha}(k, n-k-1)$。

第二步，将样本观测值代入公式中计算统计量 F 值。

第三步，将 F 值与临界值 $F_{\alpha}(k, n-k-1)$ 进行比较。若 $F > F_{\alpha}(k, n-k-1)$，则拒绝原假设 H_0，说明回归方程显著，自变量对因变量的线性影响是显著的；若 $F < F_{\alpha}(k, n-k-1)$，则接受原假设 H_0，说明回归方程不显著。

需要指出的是，在一元回归中，对参数 b_1 的显著性检验（t 检验）与对回归总体线性的显著性检验（F 检验）是等价的。在多元线性回归中，F 检验与 t 检验是不同的。

第一，检验对象不同：t 检验为 $H_0 : b_j = 0, H_1 : b_j \neq 0 (j = 0, 1, 2, \cdots, k)$；$F$ 检验为 $H_0 : b_1 = b_2 = \cdots = b_k = 0, H_1 : b_j (j = 0, 1, 2, \cdots, k)$ 不全为零。

第二，当对参数 $b_1, b_2, \cdots, b_k$ 检验均显著时，F 检验一定是显著的。

第三，当 F 检验显著时，并不意味着对每一个回归系数的 t 检验一定都是显著的。

显然，F 检验与拟合优度检验有联系，二者都是将总离差平方和分解为回归平方和与残差平方和的基础上构造统计量进行检验，区别在于前者考虑了自由度，后者未考虑自由度。一般来说，模型对观测值的拟合程度越高，模型总体线性关系的显著性就越强。但是，决定系数只能对拟合程度提供一个度量，要达到多大才算模型通过检验，并没有确定的界限，而检验可以在给定显著性水平下，给出具有统计意义的结论。

4) 回归系数显著性检验：P 值检验

P 值即概率，反映某一事件发生的可能性大小。用 Excel、SPSS 等统计软件进行假设检验，在假设检验中常见到 P 值。一般情况下，对回归系数的假设检验是在给定的显著性水平下做出的，显著性水平是估计总体参数落在某一期间内，可能犯错误的概率，用 α 表示。通常用做假设检验的 P 值来判断检验是否具有统计学意义，一般值小于显著性水平 α 则判断此时拒绝原假设。将给定的显著性水平 α 与 P 值比较，就可做出检验的结论：

如果 $\alpha > P$ 值，则在显著性水平 α 下拒绝原假设；

如果 $\alpha \leqslant P$ 值，则在显著性水平 α 下不拒绝原假设。

●任务准备

准备计算机、SPSS、计算器、纸、笔等基本工具。

●任务实施

方法一：基于 SPSS 的回归计算

第一步，在 SPSS 软件中输入表 4.2.1 的数据。

第二步，利用 SPSS 计算各变量的相关系数矩阵。

依次单击 SPSS 菜单中的"分析"→"相关"→"双变量"。

在对话框中将所有变量选入变量框内，单击"确定"。如图 4.2.2 及图 4.2.3 所示。

图 4.2.2 应用 SPSS 计算相关系数步骤 1

图 4.2.3 应用 SPSS 计算相关系数步骤 2

得到相关系数矩阵，如图 4.2.4 所示。图中各单元格的第一行数字为变量间的相关系数。

相关性

		拣货效率_log	单件拣选时间	接收订单量	行均件数	每个容器拣选 SKU 品类数	开启拣选工作站数量
拣货效率_log	Pearson 相关性	1	-.321	.141	.604	.289	-.541
	显著性（双尾）		.167	.553	.005	.216	.014
	N	20	20	20	20	20	20
单件拣选时间	Pearson 相关性	-.321	1	.639	-.084	.548	.879
	显著性（双尾）	.167		.002	.724	.012	.000
	N	20	20	20	20	20	20
接收订单量	Pearson 相关性	.141	.639	1	-.079	.701	.549
	显著性（双尾）	.553	.002		.742	.001	.012
	N	20	20	20	20	20	20
行均件数	Pearson 相关性	.604	-.084	-.079	1	.040	-.306
	显著性（双尾）	.005	.724	.742		.867	.189
	N	20	20	20	20	20	20
每个容器拣选SKU品类数	Pearson 相关性	.289	.548	.701	.040	1	.497
	显著性（双尾）	.216	.012	.001	.867		.026
	N	20	20	20	20	20	20
开启拣选工作站数量	Pearson 相关性	-.541	.879	.549	-.306	.497	1
	显著性（双尾）	.014	.000	.012	.189	.026	
	N	20	20	20	20	20	20

图 4.2.4 SPSS 输出的相关系数矩阵

以拣货效率_log 为因变量，接收订单量、行均件数、单件拣选时间、每个容器拣选 SKU 品类数、开启拣选工作站数量为自变量。从图 4.2.4 第二列中，与拣货效率_log 相关性高的依次是行均件数 0.604、开启拣选工作站数量 -0.541、单件拣选时间 -0.321、每个容器拣选 SKU 品类数 0.289、接收订单量 0.141。但自变量单件拣选时间和开启拣选工作站数量的相关系数为 0.879，表明两个变量高度线性相关，即模型存在多重共线性。另外，接收订单量与单件拣选时间、每个容器拣选 SKU 品类数、开启拣选工作站数量的相关性也较高。若将所有变量都加入模型，会使最小二乘法估计的系数失去意义。因此，为消除多重共线性的影响，在第三步利用 SPSS 逐步回归。逐步回归中最先进入回归方程的自变量应该是跟因变量关系最为密切、贡献最大的，所以自变量选择的顺序依次是行均件数、开启拣选工作站数量、每个容器拣选 SKU 品类数。可建立多元线性回归方程：

$$拣货效率\_log = b_0 + b_1 \times 行均件数 + b_2 \times 开启拣选工作站数量$$

$$+ b_3 \times 每个容器拣选 SKU 品类数$$

第三步，利用 SPSS 逐步回归。

逐步回归是一种变量选择的方法，其步骤为：

首先分别对 K 个自变量建立与因变量的一元线性回归模型，选择拟合优度最好的自变量，得到模型 1；

在模型 1 的基础上，分别加入其他 $k-1$ 个自变量，建立二元线性回归模型，选择拟合优度最好的模型 (可决定系数必须高于模型 1)，得到模型 2；

以此类推，直到加入新变量后，R^2 不再提升，得到最终模型。

应用 SPSS 逐步回归，依次单击 "分析" → "回归" → "线性"，如图 4.2.5 所示。

将 "拣选件数_log" 选入因变量，其他变量选为自变量，方法选择 "逐步"，单击 "确定"，如图 4.2.6 所示。

图 4.2.5　应用 SPSS 逐步回归计算步骤 1　　　图 4.2.6　应用 SPSS 逐步回归计算步骤 2

回归输出结果如图 4.2.7 所示：

如图 4.2.7 最右一列表示候选引入自变量时，根据预先设定的 F 统计量的概率值进行筛选，筛选判断条件为 P 值 ≤ 0.05 时引入，P 值 ≥ 0.1 时剔除。依次引入模型的自变量为行均件数、开启拣选工作站数量、每个容器拣选 SKU 品类数，分别得到模型 1、2、3，如图 4.2.8 所示。

输入/除去的变量[a]

模型	输入的变量	除去的变量	方法
1	行均件数	.	步进（条件：要输入的 F 的概率 ≤.050，要除去的 F 的概率 ≥.100）。
2	开启拣选工作站数量	.	步进（条件：要输入的 F 的概率 ≤.050，要除去的 F 的概率 ≥.100）。
3	每个容器拣选SKU品类数	.	步进（条件：要输入的 F 的概率 ≤.050，要除去的 F 的概率 ≥.100）。

a. 因变量：拣货效率_log

模型摘要

模型	R	R 方	调整后 R 方	标准估算的错误
1	.604[a]	.365	.330	.050522853290521
2	.711[b]	.505	.447	.045896576946349
3	.900[c]	.809	.773	.029376099936040

a. 预测变量：(常量)，行均件数
b. 预测变量：(常量)，行均件数，开启拣选工作站数量
c. 预测变量：(常量)，行均件数，开启拣选工作站数量，每个容器拣选SKU品类数

图 4.2.7　应用 SPSS 回归计算的输入或剔除变量

图 4.2.8　应用 SPSS 逐步回归计算的模型汇总

模型汇总表的作用是看模型的拟合度，关注 R^2 和调整 R^2，越接近 1 表示拟合度越好。

模型 1 的自变量为行均件数，调整后的多重决定系数 R^2 为 0.33；

模型 2 的自变量为行均件数、开启拣选工作站数，调整后的多重决定系数 R^2 为 0.447；

模型 3 的自变量为行均件数、开启拣选工作站数、每个容器拣选 SKU 品类数，调整后的多重决定系数 R^2 为 0.773。

多重决定系数 R^2 越大，则表示模型拟合得越好。所以，模型 3 为最终选择的模型，根据模型 3 的结果，可以得到模型的系数和检验结果。

第四步，F 检验和 t 检验。

(1) F 检验。计算输出 ANOVA 表，这个表的作用是看模型整体的显著性，关注表中 F 值和显著性的数值。显著性数值是 F 检验的 P 值，通常小于 0.05 就可认为模型整体显著。

如图 4.2.9 中最右一列为显著性水平，模型 3 中 F 检验 P 值小于 0.01，拒绝原假设，表明模型整体具有显著性（P 值越小的情况下拒绝原假设，其检验的可信度越高）。也可查 F 分布表进行计算分析，给定显著性水平 $\alpha = 0.01$ 时，在 F 分布表中查出第一自由度为 k 和第二自由度为 $(n-k-1)$ 的临界值 $F_{0.01}(3, 20-3-1) = 5.29$，模型 3 的 F 值为 22.617，远大于 α 取 0.01 的 F 分布临界值 5.29，这也说明模型整体具有显著性。

ANOVA[a]

模型		平方和	自由度	均方	F	显著性
1	回归	.026	1	.026	10.348	.005[b]
	残差	.046	18	.003		
	总计	.072	19			
2	回归	.037	2	.018	8.675	.003[c]
	残差	.036	17	.002		
	总计	.072	19			
3	回归	.059	3	.020	22.617	.000[d]
	残差	.014	16	.001		
	总计	.072	19			

a. 因变量：拣货效率_log
b. 预测变量：(常量)，行均件数
c. 预测变量：(常量)，行均件数，开启拣选工作站数量
d. 预测变量：(常量)，行均件数，开启拣选工作站数量，每个容器拣选SKU品类数

图 4.2.9　应用 SPSS 逐步回归计算的 ANOVA

(2) t 检验。计算输出系数表，这个表是最终需要分析的系数表，B 列是自变量的系数，显著性数值是 t 检验的 P 值，通常小于 0.05 就可认为变量显著。

如图 4.2.10 中最右一列为显著性水平，模型 3 的三个自变量的 P 值均小于 0.01，说明自变量与因变量之间存在线性关系，有显著性。也可查 t 分布表进行计算分析，取 $\alpha = 0.01$，查 t 分布表 $t_{\alpha/2}(n-k-1) = t_{\alpha/2}(20-3-1) = 2.9208$，模型 3 中行均件数、开启拣选工作站数、每容器拣选 SKU 品类数的参数对应的统计量分别为 2.926、-5.599、5.049，其绝对值均大于 α 取 0.01 的 t 分布临界值 2.9208，说明这三个自变量对拣货效率_log 因变量的影响是显著的。

系数[a]

模型		未标准化系数		标准化系数	t	显著性
		B	标准错误	Beta		
1	(常量)	1.316	.242		5.438	.000
	行均件数	.616	.191	.604	3.217	.005
2	(常量)	1.611	.258		6.251	.000
	行均件数	.493	.183	.484	2.699	.015
	开启拣选工作站数量	-.024	.011	-.393	-2.194	.042
3	(常量)	.102	.341		.298	.770
	行均件数	.352	.120	.345	2.926	.010
	开启拣选工作站数量	-.046	.008	-.761	-5.599	.000
	每个容器拣选SKU品类数	1.459	.289	.654	5.049	.000

a. 因变量：拣货效率_log

图 4.2.10　应用 SPSS 逐步回归计算系数

第五步，确定多元线性回归模型。

根据图 4.2.10 可知，回归方程为：

拣货效率_log=0.102+0.352× 行均件数 -0.46× 开启拣选工作站数量 +1.459× 每个容器拣选 SKU 品类数。

总结：拣货效率受行均件数、开启拣选工作站数量、每个容器拣选 SKU 品类数的影响。其中，行均件数、每个容器拣选 SKU 品类数增加会提高拣货效率。从数值大小看，每个容器拣选 SKU 品类数的影响超过行均件数，即增加每个容器拣选 SKU 品类数更能提高拣货效率，而开启拣选工作站数量增加，则会降低拣货效率。

方法二：基于 Python 的回归计算

因之前分析的多重共线性原因，整理分析数据如表 4.2.2 所示，第一列拣货效率_log

为 y 值，其他三列依次为行均件数、每个容器拣选 SKU 品类数、开启拣选工作站数量为自变量 x 值，建立多元线性模型 $y = b_0 + b_1x_1 + b_2x_2 + b_3x_3$，运用 Python 进行多元线性回归分析，目标为求解 b_0、b_1、b_2、b_3 系数值。

表 4.2.2　仓库拣货效率与各影响因素的数值表

拣货效率_log	行均件数	每个容器拣选SKU品类数	开启拣选工作站数量
2.056663637	1.227486883	1.2417	7
2.043956128	1.168916197	1.2584	7
1.969462042	1.199755107	1.2145	7
2.070288761	1.320685763	1.2550	7
2.057713638	1.260788767	1.2633	7
2.079784135	1.27949223	1.2649	7
2.064807156	1.293839644	1.2681	7
1.977786231	1.219262295	1.1853	5
2.073351702	1.204360993	1.2190	5
2.134079843	1.192735860	1.2296	5
2.067180253	1.224023738	1.3041	7
2.103572492	1.203897044	1.2816	7
2.155389182	1.341238960	1.2260	5
2.168265837	1.371121298	1.2384	5
2.142624072	1.291419510	1.2569	5
2.130512597	1.219388954	1.2627	5
2.090754156	1.234686481	1.2364	5
2.098977537	1.328197412	1.2258	5
2.226910888	1.353360138	1.2757	5
2.148819748	1.306867345	1.2221	5

第一步，打开交互界面。

打开 Python 自带的集成开发环境 Jupyter Lab，进入交互界面。

第二步，调用各种常用软件库。

输入下列命令，调用需要的各种常用软件。

```
import numpy as np
import pandas as pd
from sklearn.model_selection import train_test_split   #这里是引用了交叉验证
from sklearn.linear_model import LinearRegression   #引入线性回归模型
from sklearn import metrics
import numpy as np
import matplotlib.pyplot as plt
```

第三步，读取数据表。

注意数据文件要放在 Jupyter Lab 的当前目录下。把数据拣货效率_log 截取为 y 值，剩余其他三列截取为 X 值，应用 value 函数把数据转换为 ndarray 形式。

```
df = pd.read_excel('./仓库拣货效率与各影响因素的数值表.xlsx')
y= df['拣货效率_log'].values
X = df.iloc[:,1:].values
```

第四步，调用多元回归函数。

```
linreg = LinearRegression()
```

第五步，利用数据训练模型。

```
model=linreg.fit(X_train, y_train)
```

第六步，输出训练后的模型截距和其他参数。

```
print (linreg.intercept_)
print (linreg.coef_)
```

最后，输出 b_0=0.1017096529038577、b_1=0.35187317、b_2=1.45894583、b_3=−0.04598219，具体分析过程与结果如图 4.2.11 所示。

```
[1]:
#首先是调用各种常用软件库.
import numpy as np
import pandas as pd
from sklearn.model_selection import train_test_split #这里是引用了交叉验证
from sklearn.linear_model import LinearRegression  #引入线性回归模型
from sklearn import metrics
import numpy as np
import matplotlib.pyplot as plt
#然后是读取数据表。注意数据文件要放在jupyter Lab的当前目录下
df = pd.read_excel('./3-6仓库拣货效率与各影响因素的数值表.xlsx')
#接下来是把数据第一列截取为y值，剩余2-6列截取为X值。
#value函数把数据转换为ndarray形式.
y= df['拣货效率_log'].values
X = df.iloc[:,1:].values
#接下来直接调用多元回归模型并训练即可:
#调用多元回归函数
linreg = LinearRegression()
#利用训练集训练模型
model=linreg.fit(X, y)
# 打印训练后模型截距，即b_0
print (linreg.intercept_)
# 打印训练后模型其他参数，即b_1到b_5
print (linreg.coef_)

0.1017096529038577
[ 0.35187317  1.45894583 -0.04598219]
```

图 4.2.11 分析过程及结果

回归方程为：

拣货效率_log=0.102+0.352× 行均件数 +1.459× 每个容器拣选 SKU 品类数 −0.46× 开启拣选工作站数量

这和运用 SPSS 计算的结果一致。

方法三：基于 Excel 的回归计算

按本单元任务 1 运用 Excel 的时间序列回归分析步骤，进行三个自变量"行均件数""开启拣选工作站数量""每个容器拣选 SKU 品类数"对"拣货效率_log"的影响分析，得到的结果如图 4.2.12 所示。

SUMMARY OUTPUT

回归统计	
Multiple R	0.899547
R Square	0.809186
Adjusted R Square	0.773408
标准误差	0.029376
观测值	20

方差分析

	df	SS	MS	F	ignificance F
回归分析	3	0.058552	0.019517	22.61703	5.35E-06
残差	16	0.013807	0.000863		
总计	19	0.07236			

	Coefficients	标准误差	t Stat	P-value	Lower 95%	Upper 95%	下限 95.0%	上限 95.0%
Intercept	0.10171	0.341358	0.297956	0.769571	-0.62194	0.825356	-0.62194	0.825356
X Variable 1	0.351873	0.120261	2.925903	0.009894	0.09693	0.606816	0.09693	0.606816
X Variable 2	-0.04598	0.008213	-5.59884	4E-05	-0.06339	-0.02857	-0.06339	-0.02857
X Variable 3	1.458946	0.288929	5.049498	0.000118	0.846444	2.071448	0.846444	2.071448

图 4.2.12　应用 Excel 回归分析结果

根据图 4.2.12 所示，回归方程为：

拣货效率 _log=0.102+0.352× 行均件数 -0.46× 开启拣选工作站数量 +1.459× 每个容器拣选 SKU 品类数

这和运用 SPSS、Python 计算的结果一致。

●问题管理

影响拣选效率的因素有很多，通常包含接收订单量、行均件数、单件拣选时间、每个容器拣选 SKU 品类数、开启拣选工作站数量。本任务建立多元线性回归分析模型，并应用 SPSS "统计产品与服务解决方案" 软件进行逐步回归计算。本任务难度在于：一是 SPSS 逐步回归计算引入自变量的步骤；二是根据 SPSS 输出的数据观察各种回归检验及说明拣选效率和各影响因素之间的关系；三是根据模型关系式，如何采用合适的方法提高拣货效率。

●知识拓展

1. 相关分析与回归分析

相关分析与回归分析都是统计上研究变量之间关系的常用办法，但两者有区别。

(1) 相关分析是研究两个或两个以上处于同等地位的随机变量间的相关关系的统计分析方法，即涉及的变量不存在自变量和因变量的划分问题，变量之间的关系是对等的。例如，x 与 y 处于平等的地位，即研究 x 与 y 的密切程度和研究 y 与 x 的密切程度是一致的。可通过一个指标，即相关系数来反映变量之间相关程度的大小，由于变量之间是对等的，因此相关系数是唯一确定的。

(2) 回归分析是确定两种或两种以上变量间相互依赖的定量关系的一种统计分析方法，必须根据研究对象的性质和研究分析的目的，对变量进行自变量和因变量的划分，即变量之间的关系是不对等的，自变量是确定的，因变量才是随机的。例如，y 被称为因变量，处在被解释的特殊地位，x 称为自变量。回归分析不仅可以揭示 x 对 y 的影响大小，还可以由回归方程进行数量上的预测和控制。

2. 多重共线性的后果

多重共线性指在进行线性回归分析时，自变量之间存在线性相关关系。线性回归模型中的自变量之间由于存在精确或高度相关关系，而使模型估计失真或难以估计准确，使模型的预测功能失效。具体后果如下：

(1) 参数估计量经济含义不合理。

(2) 增大了参数估计的方差，变大的方差容易使置信区间变大，并且 t 值变小，会使本应该拒绝的假设被错误接受，使预测模型失去可靠性。

(3) 出现严重的多重共线性时，可能造成可决系数 R^2 变大，通过 F 检验的参数联合显著性变大，但各个 t 检验却可能不显著，甚至可能使估计的回归系数符号相反，导致得出错误的定性结论。

(4) 参数估计值对样本数据的微小变化非常敏感。

3. 消除多重共线性影响的常用方法

适度的多重共线性不成问题，但当出现严重共线性问题时，会导致分析结果不稳定，出现回归系数的符号与实际情况完全相反的情况。本应该显著的自变量不显著，不应该显著的自变量却呈现出显著性，这种情况下就需要消除多重共线性的影响。常用的解决方法有：

(1) 逐步回归法。这是最常用的，也是最有效的消除多重共线性、选取最优回归方程的方法。其做法是逐个引入自变量，引入的条件是该自变量经 F 检验是显著的，每引入一个自变量后，对已选入的变量进行逐个检验，如果原来引入的变量由于后面变量的引入而变得不再显著，那么就将其剔除。这个过程反复进行，直到既没有不显著的自变量选入回归方程，也没有显著自变量从回归方程中剔除为止。

(2) 删除不重要的自变量。自变量之间存在共线性，说明自变量所提供的信息是重叠的，可以删除不重要的自变量减少重复信息，但应从实际经济分析确定为相对不重要，并从偏相关系数检验证实为共线性原因的那些变量中删除。

(3) 做主成分回归。当采取主成分回归提取了新的变量后，往往这些变量间的组内差异小而组间差异大，起到了消除共线性的效果。对共线性较强的变量之间有一定的优越性，处理多变量问题其降维的优势也是明显的。

(4) 岭回归。岭回归指通过最小二乘法的改进，允许回归系数的有偏估计量存在而补救多重共线性问题的方法。通过允许小的误差而换取高于无偏估计量的精度，因此它接近真实值的可能性较大。此方法可对分析各变量之间的作用和关系带来独特而有效的帮助。

●任务小结

本任务根据拣选效率和影响因素接收订单量、行均件数、单件拣选时间、每个容器拣选 SKU 品类数、开启拣选工作站数量的数据，建立多元线性回归分析模型，同时为了避免模型出现多重共线性的问题，可以应用 SPSS 软件进行逐步回归计算，根据 SPSS 输出模型拟合结果，要进行拟合优度检验、t 检验、F 检验、P 值检验，通过检验才能说明各影响因素与拣选效率的关系，为采取合适方法提高拣货效率奠定分析的基础。

第5单元
分货作业分析

【内容概览】

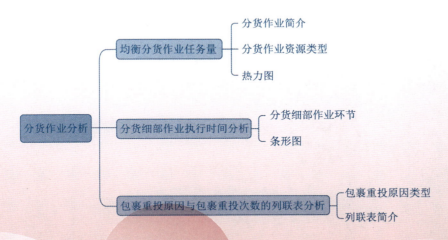

分货作业分析
- 均衡分货作业任务量
  - 分货作业简介
  - 分货作业资源类型
  - 热力图
- 分货细部作业执行时间分析
  - 分货细部作业环节
  - 条形图
- 包裹重投原因与包裹重投次数的列联表分析
  - 包裹重投原因类型
  - 列联表简介

【知识目标】

1. 了解分货作业的概念与分货作业资源类型；

2. 理解分货作业任务量的概念；

3. 掌握均衡分货作业任务量的策略；

4. 了解分货细部作业的内容和环节；

5. 熟悉包裹重投原因的类型；

6. 掌握列联表的概念与列联表分析的概念和目的；

7. 掌握规避包裹重投的策略。

【技能目标】

1. 掌握绘制热力图的方法；

2. 掌握绘制条形图的方法；

3. 掌握建立列联表的方法；

4. 熟练运用 SPSS 进行独立性检验。

【职业目标】

1. 能够处理与出库分货有关的工作事务和业务流程；

2. 能够胜任仓库、配送中心等部门出库分货相关的工作；

3. 能够胜任智能仓储数据收集、统计、处理与大数据分析有关的岗位；

4. 养成定量分析为主并与定性分析相结合的思维方式；

5. 具备大数据分析的能力；

6. 培养数据安全的意识。

任务 1　均衡分货作业任务量

● 任务描述

在智能仓库的分货环节经常存在分拣车辆堵塞的现象，严重影响分货效率，进而影响出库效率。据分析，主要是格口任务量不均衡导致车辆堵塞严重。为此，公司收集了某分拣仓库各格口的分拣任务记录（如表 5.1.1），利用给定数据集，绘制各格口任务量的热力图，并根据分析结果制订优化策略。

表 5.1.1　格口任务量表

chute_no	package_num	chute_no	package_num	chute_no	package_num
27	345	7	186	4	170
17	303	5	183	15	166
28	268	13	182	18	165
16	256	19	182	20	163
26	240	21	179	3	161
29	220	24	178	8	149
25	214	14	176	10	137
6	197	9	171	1	105
30	197	23	171	11	83
22	194	2	170	12	80

注：chute_no 格口号；package_num 包裹量。

已知某分拣仓库平面图（格口位置）分布说明，如图 5.1.1 所示。

1	2	11	12	21	22
3	4	13	14	23	24
5	6	15	16	25	26
7	8	18	28	27	17
9	10	19	20	29	30

图 5.1.1　某分拣仓库的平面图（注：仅显示格口位置）

●任务分析

要寻找任务量不均衡的格口位置，可采用热力图法可视化各格口任务量，直观显示且方便寻找任务量不均衡的格口位置，并对可视化结果进行分析，给出任务量不均衡的优化策略。

●相关知识

1. 分货作业简介

分货作业是指把按照拣货单从存储区拣货完成的物品，再按照用户或者配送路线进行分类的过程。目前仓库中的分货作业可分为人工分货和自动分货两类，这里主要针对自动分货进行分析。自动分货是利用自动化设备完成分货的一种方式，主要适用于出库量大、稳定的场景。

2. 分货作业资源类型

自动化分货作业投入的资源类型包括但不限于小车、供包台、集包格口等。这里以集包格口为例，介绍分货作业资源不均衡的现象。

3. 热力图

热力图是一种密度图，一般通过显著颜色差异在二维平面或者地图上展现某类主题数据的疏密程度或者频率高低。热力图中，亮色一般代表事件发生频率较高或事物分布密度较大，暗色则反之。相比于传统的列表展示，热力图对大量数据的表示效果更为直观有效。

●任务准备

准备计算机、Excel 软件 (2010 版及以上)、Python 软件、纸、笔等基本工具。

●任务实施

1. 绘制格口任务量热力图

方法一：基于 Excel 绘制热力图
第一步：打开 Excel 文件。

第二步：绘制数据区域。

(1) 根据某分拣仓库布局绘制数据区域，在 A 列至 H 列生成第一张表格 (如图 5.1.2)。

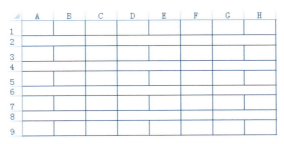

图 5.1.2　数据区域

(2) 复制该表格至 K 列至 R 列，生成第二张表格。

第三步：输入数据。

(1) 在第一张表格输入格口任务量数据，并设置单元格对齐方式在右下角，字号为 9 号 (如图 5.1.3)。

A	B	C	D	E	F	G	H
105	170		83	80		179	194
161	170		182	176		171	178
183	197		166	256		214	240
186	149		165	268		345	303
171	137		182	163		220	197

图 5.1.3　输入任务量数据

(2) 在第二张表格中输入格口号数据，并设置单元格对齐方式在左上角，字号为 12 号 (如图 5.1.4)。

K	L	M	N	O	P	Q	R
1	2		11	12		21	22
3	4		13	14		23	24
5	6		15	16		25	26
7	8		18	28		27	17
9	10		19	20		29	30

图 5.1.4　输入格口数据

第四步：绘制格口任务量热力图。

(1) 选择"任务量数据"，单击"开始"→"条件格式"→"色阶"→"其他规则"，弹出"新建格式规则"窗口 (如图 5.1.5)。

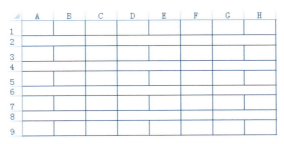

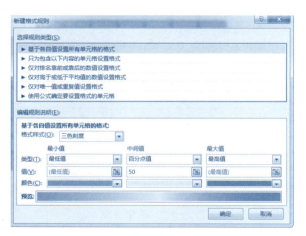

图 5.1.5　新建格式规则窗口

（2）"新建格式规则"窗口中，"格式样式"栏选择"三色刻度"，选择最小值的颜色为"绿色"，最大值的颜色为"红色"；单击"确定"，生成热力图（如图 5.1.6）。

	A	B	C	D	E	F	G	H
1	105	170		83	80		179	194
2								
3	161	170		182	176		171	178
4								
5	183	197		166	256		214	240
6								
7	186	149		165	268		345	303
8								
9	171	137		182	163		220	197

图 5.1.6　生成热力图

第五步：在格口任务量热力图中显示格口号。

（1）首先选中并复制第二张表格，然后单击"开始"→"粘贴"→"其他粘贴选项"→"图片"。

（2）把复制出来的格口布局图片，重合在格口任务量表格上；得到格口任务量热力图（如图 5.1.7），图中左上角的数字表示格口号，右下角的数字表示格口任务量。

	A	B	C	D	E	F	G	H
1	1　105	2　170		11　83	12　80		21　179	22　194
2								
3	3　161	4　170		13　182	14　176		23　171	24　178
4								
5	5　183	6　197		15　166	16　256		25　214	26　240
6								
7	7　186	8　149		18　165	28　268		27　345	17　303
8								
9	9　171	10　137		19　182	20　163		29　220	30　197

图 5.1.7　某分拣仓库集包格口任务量热力图

方法二：基于 Python 绘制热力图

第一步：数据处理。

根据图 5.1.3 和图 5.1.4 得到基于 Python 制作热力图二维形式的相关数据，如图 5.1.8 所示。

第二步：打开交互界面。

首先打开 Python 自带的集成开发环境，进入交互界面。

第三步：导入工具包。

输入下列命令，导入制作热力图所需的工具包。

```
Import pandas as pd          #加载pandas库并命名为pd
Import Matplotlib as plt     #加载Matplotlib库并命名为plt
Import seaborn as sns        #加载seaborn库并命名为sns
```

第四步：加载并处理数据。

```
df = pd.read_csv("D:\data\热力图数据.csv")
df_1=df.pivot('y-axis','x-axis','quality')
df_2=df_1.iloc[::-1]
```

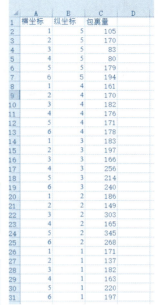

图 5.1.8　热力图数据

第一条命令，打开文件"D:\data\ 热力图数据 .csv"加载数据，并将数据赋予变量 df。

第二条命令，利用 pivot 函数将上述数据转变为二维表格。

第三条命令，利用"iloc[::-1]"反转 y 轴，使热力图的纵坐标实现从小到大进行排序。

第五步：绘制热力图并展示结果。

```
sns.heatmap(df_2,cmap='OrRd')
plt.show()
```

第一条命令，利用 heatmap 函数绘制热力图，其中"OrRd"表示颜色从橙色渐变为红色。

第二条命令，展示绘制的热力图，如图 5.1.9 所示。

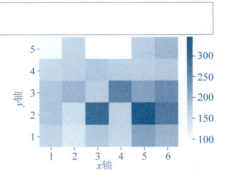

图 5.1.9　基于 Python 绘制热力图

2. 分析格口任务量热力图

通过观察与分析绘制的热力图，发现：

(1) 各集包格口处理包裹量不均衡，个别格口包裹量过高；

(2) 高任务量格口布局临近，不合理。

当前仓库集包格口布局对分拣作业造成的影响有：

(1) 个别格口包裹量过高，导致该格口附近大量小车等待，造成拥堵；

(2) 高任务量格口布局临近，导致同时前往该区域的车辆较多，也会引发拥堵。

3. 制订分货资源任务量均衡策略

根据分货资源任务量热力图分析发现，仓库集包格口布局存在不合理现象，部分集包格口任务量大，部分集包格口任务量小，且任务量大的格口布局集中，导致分拣车辆堵塞，影响分货效率。基于此，制订如下优化策略。

(1) 高任务量格口分散布局，避免同一区域汇集车辆较多。

从图 5.1.7 可以发现，集包格口 16、集包格口 28、集包格口 25 和集包格口 26 任务量相对较多，布局临近容易造成车辆拥堵，且存在个别集包格口任务量较低又临近布局，所以可以将这些集包格口的布局适当调整，均衡分货道路任务量，从而避免拥堵。

(2) 为个别高任务量站点增设合适数量的集包格口。

从图 5.1.7 也可以发现，对于有些集包格口即使重新进行布局也很难避免道路拥堵，比如集包格口 16 和集包格口 28，由于任务量过高，无法通过重新布局实现优化。针对这种情况，采取的措施是根据其任务量的大小增设适当数量的格口。

●问题管理

本任务中介绍了 Excel 和 Python 两种处理方法。Excel 处理起来更加直观简单，容易操作，但在 Excel 中绘制热力图时，必须先复制第二张表格，再粘贴为图片，与第一张表格重合，否则无法生成透明图片，出现复制粘贴后第二张图片覆盖第一张图片的现象。这一点需要注意，防止无法绘制出格口号和任务量同时存在的热力图。Python 处理方法需要撰写代码，操作难度大但处理效率高。另外需注意，使用 Python 时需要加载所需的第三方依赖包。

●知识拓展

1. 可视化技术

所谓可视化就是利用计算机图形学和图像处理技术，把数据转变成图形或图像在屏幕上显示出来，再进行交互处理的理论、方法和技术。目前，可视化技术根据所处理数据的抽象层次划分是比较通俗易懂的，其划分方法主要有：科学计算可视化、数据可视化、信息可视化和知识可视化。

2. 数据可视化

数据可视化就是将集中的大型数据以图形图像的形式表示，并利用数据分析和开发工具发现其中未知信息的处理过程。

数据可视化技术的基本思想：将数据库中每一个数据项作为单个图元素表示，大量的数据集构成数据图像，同时将数据的各个属性值以多维数据的形式表示，可以从不同的维度观察数据，从而对数据进行更深入的观察和分析。

3. 数据可视化的作用

大数据时代，随着数据容量和复杂性的不断增加，限制了普通用户从大数据中获取更多知识。因此，依靠可视化手段进行数据分析必将成为大数据分析流程的主要环节之一。将庞大的数据以可视化的方式呈现，让枯燥的数据以简单友好的图表形式展现，可以让数据变得更加通俗易懂，有助于用户更加快捷地理解数据的深层次含义，有效参与复杂的数据分析过程，提升数据分析效率，改善数据分析效果。

●任务小结

本任务介绍了 Excel 和 Python 两种方法，根据某分拣仓库集包格口任务量，通过绘制格口任务量热力图，直观显示任务量不均衡的格口布局，为制订任务量均衡策略提供依据。通过本任务的学习，希望学生能够掌握数据可视化方法——热力图，并能根据实际情况制订任务量均衡策略。

任务 2　分货细部作业执行时间分析

●任务描述

在智能仓库中，分货作业主要由 AGV 来完成，为更好地保证 AGV 的有效作业时间和作业效率，收集了某分拣仓库某 AGV 的分拣任务记录（如表 5.2.1 所示），依据给定的数据集，试计算该 AGV 各类细部作业的时长并绘制该 AGV 的细部作业时长的条形图，为进一步优化 AGV 的作业过程提供依据。

表 5.2.1　分货细部作业表

Car_no	Create_time	Update_time	Task_type
123	2019-05-02 13:38:46	2019-05-02 13:39:17	分拣去程
123	2019-05-02 13:39:18	2019-05-02 13:44:24	分拣回程
123	2019-05-02 13:44:27	2019-05-02 13:45:03	分拣去程
123	2019-05-02 13:45:03	2019-05-02 13:47:24	分拣回程
123	2019-05-02 13:47:27	2019-05-02 13:49:03	分拣去程
123	2019-05-02 13:49:04	2019-05-02 13:51:29	分拣回程
123	2019-05-02 13:51:31	2019-05-02 13:52:03	分拣去程
123	2019-05-02 13:52:04	2019-05-02 13:53:21	分拣回程
123	2019-05-02 13:53:22	2019-05-02 13:55:03	分拣去程

（续表）

Car_no	Create_time	Update_time	Task_type
123	2019-05-02 13:55:04	2019-05-02 13:55:29	分拣回程
123	2019-05-02 13:55:31	2019-05-02 13:55:59	分拣去程
123	2019-05-02 13:56:00	2019-05-02 13:56:48	充电去程
123	2019-05-02 13:56:48	2019-05-02 13:58:01	充电中
123	2019-05-02 13:58:01	2019-05-02 13:59:13	充电回程

注：Car_no 小车号；Create_time 任务开始时间；Update_time 任务结束时间；Task_type 任务类型。

● 任务分析

计算分货细部作业关键环节的平均执行时长，可通过数据透视实现；可视化分货细部作业关键环节的平均执行时长可借助条形图实现，并可利用条形图对结果进行分析。

● 相关知识

1. 分货细部作业环节

分货作业依据具体功能，可细分为供包过程、分拣去程、分拣回程、集包过程、充电过程。这里，以分拣 AGV 系统为例，详细介绍各环节的定义和关键节点。

(1) 供包过程：供包台处工作人员或者机械臂将包裹放置到 AGV 的过程。

(2) 分拣去程：分拣 AGV 从供包台接到待分拣的包裹，运送到目的格口，并完成包裹倾倒的过程。之后，包裹会从目的格口顺着滑道滑落至一层集包袋中。

(3) 分拣回程：分拣 AGV 在完成包裹倾倒后，由目的格口返回供包台的过程。

(4) 集包过程：一层集包袋装满之后，集包人员关闭格口、封箱、打印面签到完成集包袋投线的过程。

(5) 充电过程：分拣 AGV 从接受充电指令，前往充电桩充电至结束充电，回到上包点的过程。该过程又可进一步细分为充电去程、充电中、充电回程。

2. 条形图

条形图 (bar chart) 是用宽度相同的条形的高度或长短来表示数据多少的图形。条形图可以横置或纵置，纵置时也称为柱形图 (column chart)。

● 任务准备

准备计算机、Excel 软件、R 软件、RStudio 软件、纸、笔等基本工具。

●任务实施

1. 计算分货细部作业关键环节的平均执行时长

1) 利用 Excel 计算分货细部作业关键环节的平均执行时长

(1) 打开 Excel 文件，录入数据 (如表 5.2.1)。

(2) 计算单次作业任务时长 Task_time。

利用表中 Update_time 列减去 Create_time 列得到任务时间 Task_time 列。

(3) 插入数据透视表，并将数据添加到数据模型。

(4) 在数据透视表中做下列操作：

- 将 "Task_type" 设定为行；

- 将 Task_time 设定为值 (选择用于汇总所选字段数据的计算类型为平均值，如图 5.2.1 所示；

- 单击 "数字格式"，弹出 "设置单元格格式"，选择 "自定义" → "类型"，修改任务时间 Task_time 以秒为单位。

图 5.2.1　数据透视表

(5) 单击 "确定" 得到分货细部作业关键环节的平均执行时长，如图 5.2.2 所示。

行标签	求和项:Task_time
充电回程	72
充电去程	48
充电中	73
分拣回程	138.8
分拣去程	54
总计	385.8

图 5.2.2　基于 Excel 分货细部作业关键环节平均执行时长计算结果

2) 利用 R 语言计算分货细部作业关键环节的平均执行时长

(1) 打开 R 与 RStudio，进入 RStudio 交互界面。

(2) 在 RStudio 控制台中，输入以下命令，安装加载所需工具包。

```
install.packages("readxl")          #下载安装readxl包
library(readxl)                      #加载readxl包
```

(3) 在 RStudio 控制台中，输入以下命令，导入数据。

```
raw_data<-read_xlsx('d:\\data\\分货细部作业数据.xlsx',1,)
```

打开文件"D:\data\ 分货细部作业数据 .xlsx"（文件数据内容见表 5.2.1)，并将数据存入二维变量"raw_data"中。

(4) 计算分货细部作业关键环节平均执行时长。

```
raw_data$diff_time =
as.numeric(difftime(raw_data$Update_time,raw_data$Create_time,units = 'secs'))
result = aggregate(raw_data$diff_time,by = list(raw_data$Task_type),mean)
colnames(result) = c('Task_type','Task_time')
```

第一条命令，利用 difftime 函数，根据任务类型计算小车每次任务的执行时间，并将任务时间以秒为单位计算；利用 as.numeric 函数将同任务类型执行时间合并，并将结果赋予变量"raw_data$diff_time"。

第二条命令，计算各任务的平均执行时间，并将结果赋予二维变量"result"。

第三条命令，设定 result 中二维变量的名称。运行结果如图 5.2.3。

图 5.2.3　基于 R 分货细部作业关键环节平均执行时长计算结果

2. 绘制分货细部作业关键环节平均执行时长的条形图

1) 利用 Excel 绘制分货细部作业关键环节平均执行时长的条形图

(1) 在 Excel 文件中，选中利用透视表得到的分货细部作业关键环节的平均执行时长数据，单击"插入"；

(2) 在工具栏中的"图表"中选择单击"条形图"；

(3) 在"条形图"的下拉列表中选择二维条形图中的"簇状条形图"；

(4) 在生成的条形图中右击"条状块"，选择"添加数据标签"，添加分货细部作业关键环节的平均执行时长；

(5) 得到分货细部作业关键环节的平均执行时长条形图，如图 5.2.4 所示。

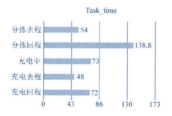

图 5.2.4　基于 Excel 绘制分货细部作业关键环节的平均执行时长条形图

2) 利用 R 语言绘制分货细部作业关键环节平均执行时长的条形图

(1) 在 RStudio 控制台中，输入以下命令，安装加载所需工具包。

```
install.packages("ggplot2")        #下载安装ggplot2l包
library(ggplot2)                    #加载ggplot2包
```

(2) 输入以下命令，根据第一步中用 R 语言计算出的分货细部作业关键环节的平均执行时间结果绘制条形图。(注：R 中一条命令分行完成需要用 "+" 进行连接)

```
ggplot(data=result,aes(x=Task_time,y),fill=Task_time)+
            geom_bar(,fill="#2222BB",stat="identity")
```

(3) 得到分货细部作业关键环节的平均执行时长条形图，如图 5.2.5 所示。

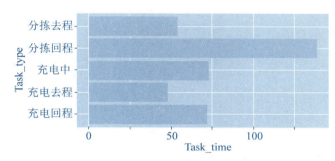

图 5.2.5　基于 R 绘制分货细部作业关键环节的平均执行时长条形图

3. 分析分货细部作业关键环节的平均执行时长

结合分货细部作业关键环节平均执行时长条形图，得出如下结论：

(1) 分拣回程时长过长，是分拣去程时长的 2.6 倍。

车辆有效工作 (分拣包裹) 的时间占比过短，直接影响分拣包裹数量，应对分拣回程的路径、速度等因素进行优化。

(2) 真实的充电时长过短，而充电去程和充电回程时长的总和远大于充电时长。

这种充电行为实则得不偿失，会影响电池电量，导致 AGV 动力供给不足，引起车辆关机，进而降低包裹分拣数量。

●问题管理

本任务的处理中要注意，基于 Excel 计算分货细部作业关键环节的平均执行时长时，在数据透视表中，对 "值" 的操作为求 "平均值"，且关键环节的执行时长的单位是以 "秒" 为单位，一定要注意单位转换，否则得出结果会与任务中的结果不一致。另外需注意，R 语言也需要安装加载工具包。

●知识拓展

1. 描绘条形图的要素

描绘条形图的要素有三个：组数、组宽度、组限。

(1) 组数，把数据分成几组，指导性的经验是将数据分成 5 ～ 10 组。

(2) 组宽度，通常来说，每组的宽度是一致的。组数和组宽度的选择不是独立决定的，一个经验标准是：近似组宽度 =(最大值 − 最小值)/ 组数。然后，根据四舍五入确定初步的近似组宽度，最后根据数据的状况进行调整。

(3) 组限，分为组下限 (进入该组的最小可能数据) 和组上限 (进入该组的最大可能数据)，并且一个数据只能在一个组限内。

绘制条形图时，不同组之间是有空隙的；而绘制直方图时，不同组之间是没有空隙的。

2. 条形图的特点

(1) 直观性强：能够清楚看到每个数据的大小。

(2) 易于比较：容易比较数据之间的差别。

●任务小结

本任务主要基于 Excel 和 R 语言计算分货细部作业关键环节的平均执行时长，并对执行时长进行可视化，以便对结果进行分析。通过本任务的学习，希望学生能够掌握如何绘制条形图，并能结合条形图进行结果分析。

任务 3　包裹重投原因与包裹重投次数的列联表分析

●任务描述

在智能仓库中，AGV 在分拣包裹的过程中，经常由于空车跑、粘包裹、掉包裹等原因，导致包裹不仅会被重投且经常被多次重投。根据某分拣仓库某天的分拣记录得到包裹重投次数及其原因的相关数据 (如表 5.3.1 所示)，依据给定数据集，构建包裹重投次数和重投原因的列联表，并确定包裹重投次数与重投原因之间是否存在相关关系，为制订规避包裹重投策略提供依据。

表 5.3.1　包裹重投次数数据表

重投原因	重投次数	重投原因	重投次数	重投原因	重投次数
B	12	C	3	A	2
B	11	C	3	A	2
B	10	C	3	B	2
B	10	B	3	A	2
B	9	A	2	A	2
B	9	A	2	A	2
B	9	A	2	A	2
B	9	C	2	A	2
B	8	A	2	A	2
B	8	A	2	A	2
B	8	A	2	A	2
B	8	C	2	A	2
B	8	A	2	A	2
A	4	C	2	A	2
B	4	B	2	A	2
C	4	C	2	A	2
A	4	C	2	A	2
B	3	C	2	A	2
B	3	C	2	A	2
B	3	B	2	A	2
B	3	A	2	A	2
B	3	A	2		
C	3	A	2		

其中：A 为空车跑，B 为粘包裹，C 为掉包裹。

●任务分析

　　要分析包裹重投原因和重投次数之间是否存在相关关系，可构建包裹重投原因和重投次数的列联表，通过列联表分析进行独立性检验，确定二者是否存在相关关系，进而制订规避包裹重投的相关策略。

●相关知识

1. 包裹重投原因类型

1) 空车跑（A 类）

上包时，包裹被多次扫描，致使同一供包台两侧的两辆小车几乎同时绑定同一包裹，出现其中一辆小车存在空车跑的现象。空车跑示例见表 5.3.2。

表 5.3.2　空车跑重投示例

Car_no	Create_time	Update_time	Station_code	Track	Package_no
862	05/02 10:21:51	05/02 10:22:49	GBZ009	L	633361-1-1-121
862	05/02 10:21:52	05/02 10:22:10	GBZ009	R	633361-1-1-121

2) 粘包裹（B 类）

由于包裹表面附着胶体，导致包裹与分拣小车粘连，到达倾倒点后无法成功完成倾倒，致使分拣小车载着同一个包裹在仓库内重复往返，又称为"绕圈跑"现象。粘包裹重投示例见表 5.3.3。

表 5.3.3　粘包裹重投示例

Car_no	Create_time	Update_time	Station_code	Track	Package_no
13	05/17 10:51:55	05/17 10:52:46	GBZ006	R	193178-1-1-173
13	05/17 10:53:30	05/17 10:53:56	GBZ001	R	193178-1-1-173
13	05/17 10:57:56	05/17 10:59:00	GBZ0012	R	193178-1-1-173
13	05/17 11:03:54	05/17 11:04:12	GBZ002	R	193178-1-1-173
13	05/17 12:11:18	05/17 12:11:50	GBZ009	L	193178-1-1-173

3) 掉包裹（C 类）

由于包裹自身原因，如重量过重或包裹异形（超长、球形等），导致搬运过程中出现"掉包裹"现象。掉包裹现象示例见表 5.3.4。

表 5.3.4　掉包裹重投示例

Car_no	Create_time	Update_time	Station_code	Track	Package_no
880	05/02 01:37:54	05/02 01:38:38	GBZ011	R	044954-1-1-121
939	05/02 16:44:25	05/02 16:45:04	GBZ009	R	044954-1-1-121
1218	05/02 10:22:00	05/02 10:22:54	GBZ009	R	044153-1-1-121
813	05/02 10:22:36	05/02 10:23:10	GBZ009	L	044153-1-1-121

2. 列联表简介

为了了解一个变量与另一个变量之间是否存在相关关系以及相关关系的大小，在统计上常用的方法之一是列联表分析。

列联表分析是通过分析多个变量在不同取值情况下的数据分布情况，从而进一步分析多个变量之间相互关系的一种描述性分析方法。

列联表是由两个或两个以上的变量进行交叉分类的频数分布表，表中列出了行变量和列变量所有可能的组合。

●任务准备

准备计算机、SPSS 软件、纸、笔等基本工具。

●任务实施

1. 建立列联表分析模型

1) 问题描述

在 AGV 智能仓中，通过研究重投包裹的分拣数据发现，在包裹分拣过程中存在由于空车跑、粘包裹或掉包裹等原因导致的包裹重投现象。进一步分析发现，很多包裹存在被多次重投的情况。包裹多次重投与包裹重投原因是否存在关联呢？为了更好地改善包裹重投的现象，对包裹重投次数与包裹重投原因进行关联分析，寻找优化对策。

2) 列联分析模型

第一步：数据处理。

(1) 在 Excel 中输入原始数据 (见表 5.3.1)。

(2) 利用 if 条件函数将重投次数分类。第一类：重投 2 次；第二类：重投 3 次；第三类：不少于 4 次。具体操作如图 5.3.1 所示，输入公式直接回车。

图 5.3.1　输入条件函数

(3) 鼠标放在 C2 列的右下角，鼠标变成"+"，直接拖拽，得到分类结果，如图 5.3.2 所示。

(4) 保存文件，并命名为：data5.3.xslx。

第二步：利用 SPSS 生成列联表。

(1) 打开 SPSS，单击"文件"→"导入数据"→"Excel"，弹出"打开数据"窗口，找到文件"data5.3.xslx"双击打开，此时弹出"读取 Excel 文件"窗口，单击"确定"，完成数据导入。

(2) 单击"分析"→"描述统计"→"交叉表"，弹出"交叉表"窗口 (如图 5.3.3 所示)。

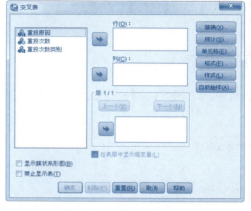

图 5.3.2　重投次数分类结果　　　　图 5.3.3　交叉表窗口

(3) 在交叉表窗口中，将"重投原因"作为行，"重投次数类别"作为列。单击"确定"，生成包裹重投次数与包裹重投原因列联表，见表 5.3.5。

表 5.3.5　包裹重投次数与包裹重投原因列联表

重投原因	重投次数			合计
	≥ 4	3	2	
A(空车跑)	2	0	30	32
B(粘包裹)	14	6	3	23
C(掉包裹)	1	4	7	12
合计	17	10	40	67

2. 包裹重投原因与包裹重投次数独立性检验 (卡方检验)

1) 建立原假设和备择假设

H0：两个变量相互独立；H1：两个变量有相关关系。

2) 计算自由度和理论频数

自由度 $df = (3-1) \times (3-1) = 4$

理论频数

$$e_{11} = N_{C1} \times \frac{N_{R1}}{N} = 40 \times \frac{32}{67} = 19.10 \qquad e_{12} = N_{C2} \times \frac{N_{R1}}{N} = 10 \times \frac{32}{67} = 4.78$$

$$e_{13} = N_{C3} \times \frac{N_{R1}}{N} = 17 \times \frac{32}{67} = 8.12 \qquad e_{21} = N_{C1} \times \frac{N_{R2}}{N} = 40 \times \frac{32}{67} = 13.73$$

$$e_{22} = N_{C2} \times \frac{N_{R2}}{N} = 10 \times \frac{23}{67} = 3.43 \qquad e_{23} = N_{C3} \times \frac{N_{R2}}{N} = 17 \times \frac{23}{67} = 5.84$$

$$e_{31} = N_{C1} \times \frac{N_{R3}}{N} = 40 \times \frac{12}{67} = 7.16 \qquad e_{32} = N_{C2} \times \frac{N_{R3}}{N} = 10 \times \frac{12}{67} = 1.79$$

$$e_{33} = N_{C3} \times \frac{N_{R3}}{N} = 17 \times \frac{12}{67} = 3.04$$

其中，N_{Ri} 为第 i 行的频数和，N_{Cj} 为第 j 列的频数和，N 为总频数和。

3) 计算卡方统计量

$$\chi^2 = \sum_{i=1}^{行数} \sum_{j=1}^{列数} \frac{(f_{ij} - e_{ij})^2}{e_{ij}} = \sum_{i=1}^{3} \sum_{j=1}^{3} \frac{(f_{ij} - e_{ij})^2}{e_{ij}} = \frac{(30 - 19.1)^2}{19.1} + \frac{(0 - 4.78)^2}{4.78} + \frac{(2 - 8.12)^2}{8.12}$$

$$+ \frac{(3 - 13.73)^2}{13.73} + \frac{(6 - 3.43)^2}{3.43} + \frac{(14 - 5.84)^2}{5.84} + \frac{(7 - 7.16)^2}{7.16} + \frac{(4 - 1.79)^2}{1.79} + \frac{(1 - 3.04)^2}{3.04}$$

$$= 41.431 > \chi^2(4)$$

其中，f_{ij} 为实际观察频数，e_{ij} 为理论频数。

4) 模型计算

在建立了列联表分析的基础上，我们采用了 SPSS 软件对模型进行求解，通过计算得出如表 5.3.6 的数据结果：

表 5.3.6　卡方检验计算结果

	值	自由度	渐进显著性（双侧）
皮尔逊卡方	41.431	4	.000
似然比	47.424	4	.000
有效个案数	67		

4 个单元格 (44.4%) 的期望计数小于 5，最小期望计数为 1.79。

根据计算结果：$\chi^2 = 41.431 > \chi^2(4)$

拒绝原假设，接受备择假设，说明包裹重投次数与包裹重投原因存在相关关系。

3. 制订规避包裹重投策略

通过上述分析，包裹重投原因与包裹重投次数之间存在相关关系。根据分析结果，分别从软件和硬件两方面制订规避包裹重投策略。

1) 软件方面包裹重投规避策略

在软件方面，增加重投包裹的识别系统，依据包裹的数字特征，判断重投原因，及时采取应对措施，避免反复投递，针对不同情况具体操作如下：

(1) 对空车跑现象，规范供包人员供包操作；

(2) 对绕圈跑（粘包裹）现象，及时安排车辆携带包裹前往异常处理工作站处理异常；

(3) 对于掉包裹现象，收集包裹进行人工分拣。

2) 硬件方面包裹重投规避策略

在硬件方面，主要考虑在车身增设光电/重力传感器，检测包裹状态，针对不同原因导致的包裹重投分别采取如下策略：

(1) 对空车跑现象，无包裹车辆进行不发车操作；

(2) 对绕圈跑（粘包裹）现象，倾倒不成功可执行多次倾倒动作；

(3) 对于掉包裹现象，车辆检测到包裹丢失可及时返程。

● 问题管理

利用 if 条件函数对重投次数进行分类处理时要注意，if 条件函数中的引号必须是西文状态下的引号，用中文引号提示出错。

● 知识拓展

利用 SPSS 软件进行卡方检验

第一步：输入数据。

根据包裹重投次数和包裹重投原因列联表（表 5.3.5）输入数据（如图 5.3.4 所示）。

第二步：对数据进行个案加权。

单击"数据"→"个案加权"，弹出"个案加权"窗口（如图 5.3.5 所示）；

选择数据 VAR00003，单击右边箭头，使数据 VAR00003 添加到"频数变量"栏，单击"确定"，弹出"Statistics 查看器"窗口（如

	VAR0000 1	VAR0000 2	VAR0000 3
1	1	1	30
2	1	2	0
3	1	3	2
4	2	1	3
5	2	2	6
6	2	3	14
7	3	1	7
8	3	2	4
9	3	3	1

图 5.3.4　交叉表数据

图 5.3.6 所示)。

图 5.3.5　个案加权窗口

图 5.3.6　Statistics 查看器窗口

第三步：进行卡方检验。

单击"分析"→"描述统计"→"交叉表"，弹出"交叉表"窗口 (如图 5.3.7)。

在此将 VAR00001 作为行变量，VAR00002 作为列变量，单击"统计"，弹出"交叉表：统计"窗口 (如图 5.3.8)。

单击"继续"，再单击交叉表窗口中的"确定"，得出结果 (见表 5.3.7)。

图 5.3.7　交叉表窗口

图 5.3.8　交叉表：统计窗口

表 5.3.7　卡方检验计算结果

卡方检验			
	值	自由度	渐进显著性(双侧)
皮尔逊卡方	41.431	4	.000
似然比	47.424	4	.000
线性关联	8.095	1	.004
有效个案数	67		

4 个单元格 (44.4%) 的期望计数小于 5，最小期望计数为 1.79。

●任务小结

本任务主要对包裹重投进行分析，具体包括导致包裹重投的原因以及包裹重投原因与包裹重投次数之间是否存在相关关系。通过本任务的学习，希望学生可以掌握如何构建列联表，在列联表的基础上，利用 SPSS 软件对两个变量是否存在相关性进行检验。

第6单元
设备性能分析

【内容概览】

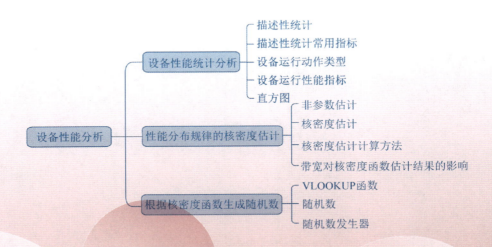

【知识目标】

1. 了解 AGV 设备性能指标；

2. 掌握核密度函数的概念、计算方法；

3. 理解核密度估计图的含义。

【技能目标】

1. 掌握运用 Excel 对 AGV 设备性能数据进行描述性统计的方法；

2. 掌握运用 Excel 绘制直方图的方法；

3. 掌握核密度估计图的绘制方法；

4. 掌握根据核密度函数生成随机数的方法。

【职业目标】

1. 胜任物流、仓库、配送中心等部门设备管理岗位；

2. 胜任仓储数据统计、分析与大数据处理岗位；

3. 养成细致、认真的数据分析与处理习惯；

4. 能通过数据分析发现设备运行存在的问题；

5. 培养数据安全的意识。

任务 1　设备性能统计分析

● 任务描述

公司收集了某 3 天内的 AGV 设备运行日志数据（如表 6.1.1 所示），详细记录了所有 AGV 约 19 万条动作的行走距离、行走时间、行走速度等信息，这些动作分为负载行驶、空载行驶、左转、右转等 4 类。由于数据量大、琐碎，难以从整体上把握 AGV 设备运行状态，因此请你运用描述统计描述 AGV 设备运行状况，以便为维修、保养提供指导。

表 6.1.1　搬运 AGV 设备性能数据（部分）

动作序号	动作类型	行走距离（米）	时序时间（秒）	行走速度
1	负载行驶	45.00	28.78	1.56
2	负载行驶	39.00	20.68	1.89
3	空载行驶	56.00	48.27	1.16
4	空载行驶	89.00	59.43	1.50
5	右转		1.76	0.00
6	右转		1.75	0.00
7	左转		1.77	0.00
8	左转		1.76	0.00
…	…	…	…	…

注：总计 188213 条记录，详见文件"搬运 AGV 设备性能数据.xlsx"（请扫描封底二维码获取相关数据）。

● 任务分析

为了更好地从整体上把握 AGV 设备的运行状况，我们需要计算 AGV 设备的各类动作的四分位数、中位数、最大值和平均值等统计量，表达样本数据的集中趋势和离散程度，并绘制直方图，更加直观地表达所有样本数据的分布规律。

● 相关知识

1. 描述性统计

描述性统计，是指运用指标、分类、图形以及计算概括性数据来描述数据特征的各项活动。描述性统计分析要对调查总体所有变量的有关数据进行统计性描述，主要包括数据的频数分析、集中趋势分析、离散程度分析、数据的分布以及一些基本的统计图形。

(1) 数据的频数分析：在数据的预处理部分，利用频数分析和交叉频数分析可以检验异常值。

(2) 数据的集中趋势分析：用来反映数据的一般水平，常用的指标有平均值、中位数和众数等。

(3) 数据的离散程度分析：主要是用来反映数据之间的差异程度，常用的指标有方差和标准差。

(4) 数据的分布：在统计分析中，通常要假设样本所属总体的分布属于正态分布，因此需要用偏度和峰度两个指标来检查样本数据是否符合正态分布。

(5) 绘制统计图形：用图形的形式来表达数据，比用文字表达更清晰、更简明。在统计软件里，可以很容易地绘制各个变量的统计图形，包括条形图、饼图和折线图等。

2. 描述性统计常用指标

(1) 平均数：平均数是表示一组数据集中趋势的量数，是指用一组数据中所有数据之和除以这组数据的个数，它是反映数据集中趋势的一项指标。统计平均数用于反映现象总体的一般水平或分布的集中趋势。

(2) 分位数：分位数，亦称分位点，是指将一个随机变量的概率分布范围分为几个等分的数值点，常用的有中位数 (即二分位数)、四分位数、百分位数等。它是将总体的全部数据按大小顺序排列后，处于各等分位置的变量值。如果将全部数据分成相等的两部分，它就是中位数；如果分成四等分，就是四分位数。

(3) 四分位数：也称为四分位点，它是将全部数据分成相等的四部分，其中每部分包括 25% 的数据，处在各分位点的数值就是四分位数。四分位数有三个，第一个四分位数就是通常所说的四分位数，称为下四分位数，第二个四分位数就是中位数，第三个四分位数称为上四分位数，分别用 Q1、Q2、Q3 表示。第一个四分位数 (Q1)，又称 "下四分位数"，等于该样本中所有数值由小到大排列后第 25% 的数字。第二个四分位数 (Q2)，又称 "中位数"，等于该样本中所有数值由小到大排列后第 50% 的数字。第三个四分位数 (Q3)，又称 "上四分位数"，等于该样本中所有数值由小到大排列后第 75% 的数字。第三个四分位数与第一个四分位数的差距又称四分位差 (IQR)。

(4) 中位数：又称中值，是将一组数据按从小到大顺序排列后，位于序列中间位置的数，它是集中趋势的度量，是样本、种群的一个代表，它可以将观测数据集合分成相同个数的上下两部分，其中一部分比中位数大，另一部分比中位数小，同时中位数也使得所有观测值和它的平均距离最小。当观察值为偶数个，通常的做法是取最中间的两个数值的平均数作为中位数。

(5) 最大值：即已知的数据中最大的一个值，一般可以通过排序比较求出。

(6) 最小值：即已知的数据中最小的一个值，一般可以通过排序比较求出。

3. 设备运行动作类型

(1) 空载行驶：指搬运车在无负载货物的情况下，设备自身执行命令运行到指定位置的动作过程。

(2) 负载行驶：指搬运车在负载限度内，负载特定货物并执行命令运行到指定位置的动作过程。

(3) 左转：指搬运车改变原本直线方向运行状态，转向左方继续运行的动作过程。

(4) 右转：指搬运车改变原本直线方向运行状态，转向右方继续运行的动作过程。

4. 设备运行性能指标

(1) 时序时间：指搬运车在开始执行特定动作到停止动作的总共花费用时，常用计量单位为秒。

(2) 行走距离：指搬运车在开始执行特定动作到停止动作的总共行驶路程，常用计量单位为米。

(3) 行走速度：指搬运车执行行驶任务时的平均速度，它是体现 AGV 设备运行状况的重要参数，常用计量单位为米 / 秒。

5. 直方图

直方图，又称质量分布图，是品质管理七大工具之一，由卡尔·皮尔逊 (Karl Pearson) 于 1895 年引入。直方图作为一种二维统计图表，形状类似柱形图却有着与柱形图完全不同的含义，它由一系列高度不等的纵向条纹或线段表示数据分布的情况，它的两个坐标分别是统计样本数量和该样本对应的某个属性的度量，一般用横轴表示数据类型，纵轴表示分布情况。直方图是数值数据分布的精确图形表示，也是一个连续变量 (定量变量) 的概率分布的估计。通过运用直方图，可以形象地展示数据样本的规则性，直观地看出产品质量特性的分布状态，便于判断其总体质量分布情况。

在统计学中，直方图是表示频率分布的图形。在直角坐标系中，用横轴表示随机变量的取值，横轴上的每个小区间对应一个组的组距，作为小矩形的底边；纵轴表示频率与组距的比值，并用它作小矩形的高，以这种小矩形构成的一组图称为频率直方图。

直方图的常见作用有以下三点：

(1) 显示质量波动的状态；

(2) 较直观地传递有关过程质量状况的信息；

(3) 通过研究质量波动状况之后，就能掌握过程的状况，从而确定在什么地方集中力量进行质量改进工作。

●任务准备

准备计算机、Excel、Python 软件、计算器、纸、笔等基本工具。

●任务实施

方法一：基于 Excel 的统计分析

第一步，打开 Excel 数据文件。

打开案例文件夹下"搬运 AGV 设备性能数据 .xlsx"文件。

第二步，筛选动作类型数据。

选中统计数据表，选择"数据"功能中的"筛选"，然后对"动作类型"列进行数据筛选，依次勾选各个单项动作类型，对不同动作类型所用的"时序时间"数据进行统计。以研究"负载行驶"情况为例，操作如图 6.1.1 所示。

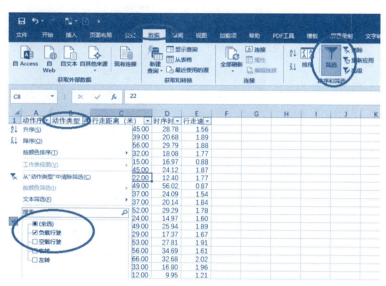

图 6.1.1　数据筛选

第三步，进行数据描述统计。

(1) 以研究"负载行驶"情况为例，首先新建空表命名为"负载行驶速度描述统计"，然后将第二步选中的数据复制到表"负载行驶速度描述统计"中，最后打开"数据"菜单中的"数据分析"[①]功能，选择"描述统计"，操作如

图 6.1.2　数据分析之描述统计

---

① 数据分析功能可以通过文件按钮中的"选项"，单击"加载项"；在"管理"框中，选择"Excel 加载宏"并单击"转到"；在"可用加载宏"框中选"分析工具库"复选框，最后"确定"，即可开启此功能。

图 6.1.2 所示。

(2) 在"输入区域"中输入"$E:$E"（待分析的数据列"行走速度"在 E 列），勾选"标志位于第一行"和"汇总统计"项，如图 6.1.3 所示。

第四步，获取数据描述性指标值。

(1) 从统计的输出结果，可直接读取负载行驶下行驶速度的各项统计指标，如平均行驶速度为 1.634862 米 / 秒，中位数为 1.70387 米 / 秒，最慢一次任务的行驶速度为 0.54573 米 / 秒，最快行驶速度为 2.06697 米 / 秒，如图 6.1.4 所示。

(2) 使用 QUARTILE 函数，计算行驶速度的下四分位数与上四分位数。求解下四分位数时，"Quart"填写为"1"；求解上四分位数时，"Quart"填写为"3"，如图 6.1.5 所示。输出结果，可分别求得下四分位数为 1.45969，上四分位数为 1.88303。

图 6.1.3 描述统计填写

图 6.1.4 描述统计输出结果

图 6.1.5 下四分位数求解

第五步，绘制行驶速度频数分布直方图。

(1) 计算行驶速度的最大值（使用函数 MAX，最大值 J2=MAX(E:E)）和最小值（使用函数 MIN，最小值 J3=MIN(E:E)），目的是确定直方图的起止范围。

(2) 计算最大值与最小值的差值，即极差（极差 J4=J2-J3）。

(3) 计算分组数，用来确定直方图的分组数量，一般采用样本数量（公式 COUNT)的平方根（公式 SQRT）作为分组数，并向上取整（公式 ROUNDUP），如分组数 J5=ROUNDUP(SQRT(COUNT(E:E)),0)。

（4）"分组组距"就是每一个分组的宽度，等于极差除以分组数。分组组距 J6=J4/J5，最终求解结果如图 6.1.6 所示。注意，这里为了降低精度，我们将 J 列的所有单元格设为只保留小数点后 2 位。

	E	F	I	J
1	行走速度		描述统计	
2	1.56364		最大值	2.07
3	1.88592		最小值	0.55
4	1.88013		极差	1.52
5	1.76958		分组数	47.00
6	0.88389		分组组距	0.03
7	1.86572			
8	1.77468			

图 6.1.6　分组数与组距计算

（5）进行数据分组。分组是确定直方图的横坐标起止范围和每个小组的起止位置。选一个比最小值小的一个恰当的值作为第一个组的起始坐标，然后依次加上"分组组距"，直到最后一个数据值比"最大值"大为止。我们第一组的起始坐标选择 0.54(比只保留小数点后两位的最小值 0.55 小 0.01，保证一定比真实最小值 0.54573 小)。

（6）统计各组频率。最简单的方法就是直接对所有的数据进行人工统计，但当数据量很大的时候，这种方法不但费时，而且容易出错。这里我们使用 FREQUENCY 函数进行统计。如图 6.1.7 所示，这里第一组的下界 0.54 存在了 M2，第一组的上界为第二组的下界，等于第一组的下界加上分组组距，所以我们令 M3=M2+J6，然后将此公式复制到 M 列下面的 47 个单元格。用鼠标选中 N2:N50 的 49 个单元格，在 N2 单元格填入公式 =FREQUENCY(E:E,M:M)，然后同时按下键盘上的"Ctrl+Alt+Enter"，则 N2:N50 的 49 个单元格同时完成了分组频数统计。图 6.1.7 显示，第一组有 2 个样本，第二组有 9 个样本，第 48 组有 9 个样本 (为了节省空间，第 9 ~ 48 行被隐藏)。

{=FREQUENCY(E:E,M:M)}

	E	F	I	J	K	L	M	N
1	行走速度		描述统计			序号	分组	频率
2	1.56364		最大值	2.07		1	0.54	0
3	1.88592		最小值	0.55		2	0.57	2
4	1.88013		极差	1.52		3	0.60	9
5	1.76958		分组数	47.00		4	0.64	5
6	0.88389		分组组距	0.03		5	0.67	2
7	1.86572					6	0.70	12
8	1.77468					7	0.73	5
49	1.77472					48	2.06	85
50	0.82667					49	2.09	9
51	1.73374							

图 6.1.7　分组与分组频率

因为计算误差的存在，我们实际分组达到了 48 组，以保证所有样本点都能够被覆盖。

（7）制作直方图。首先选中研究指标的所有数据 (即"行走速度"列"E1:E2190")，选择"插入"项中的"插入图表"功能。如图 6.1.8 所示，选择"直方图"，单击"确定"，可生成设备行走速度数据的直方图。

（8）调整直方图。选中直方图的横坐标，右键选择"设置坐标轴格式"，在"坐标轴选项"中对"箱宽度"进行修改，将"箱宽度"设置为上面计算的组距值大小，这里设置为 0.03。最终制成符合组距要求的直方图，此时横坐标表示行驶速度区间值，纵坐标表示对应区间的数据频数，如图 6.1.9 所示。

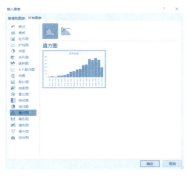

图 6.1.8 生成直方图 1

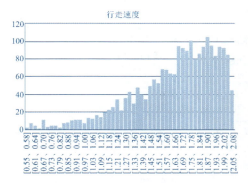

图 6.1.9 生成直方图 2

方法二：基于 Python 的统计分析

第一步，打开交互界面。

首先打开 Python 自带的集成开发环境 IDLE，进入交互界面。

第二步，导入工具包。

输入下列命令，将需要用到的工具包导入。

```
Import pandas as pd        #以pd为别名导入用于数据分析的pandas库
Import Matplotlib as plt   #以plt为别名导入用于数据可视化的Matplotlib库
Import Nupmy as np         #以np为别名导入矩阵运算库Numpy
Import math                #导入常用数学函数库math
```

第三步，导入并筛选数据。

```
ws = pd.read_excel(r'D:\python\proc\搬运AGV设备性能数据.xlsx',sheet_name =
'Sheet1')
wsloc = ws.loc[ws['动作类型'].apply(lambda a: a == '空载行驶')]
```

第一条命令可以打开文件"D:\python\proc\ 搬运 AGV 设备性能数据 .xlsx"，并将
"Sheet1"中数据存入二维变量"ws"。第二条命令将筛选列"动作类型"（存放于 a 列）
为"空载行驶"的所有数据，将其存入变量"wsloc"。

第四步，计算常用统计量。

输入命令" print(' 观测数为：',ccount)"，就可以看到空载行驶记录总共有 30673 条，
如图 6.1.10 所示。

图 6.1.10 Python 统计得到观测数

　　然后继续使用 sum()、max()、min()、quantile()、quantile(0.75)、quantile(0.25) 和 std() 等函数统计空载行驶的行走速度总和、最大值、最小值、中位数、上四分位数、下四分位数和标准差等，结果如图 6.1.11 所示。

```
Python 3.8.0 Shell                                          —    □    ×
File  Edit  Shell  Debug  Options  Window  Help
Python 3.8.0 (tags/v3.8.0:fa919fd, Oct 14 2019, 19:37:50) [MSC v.1916 64 bit (AM
D64)] on win32
Type "help", "copyright", "credits" or "license" for more information.
>>> import pandas as pd
>>> import matplotlib.pyplot as plt
>>> import numpy as np
>>> import math
>>> ws = pd.read_excel(r'D:\python\proc\搬运AGV设备性能数据.xlsx',sheet_name = '
Sheet1')
>>> wsloc = ws.loc[ws['动作类型'].apply(lambda a: a == '空载行驶')]
>>> ccount = wsloc['行走速度'].count()
>>> print('观测数为：',ccount)
观测数为： 30673
>>> csum = wsloc['行走速度'].sum()
>>> print('总和为：',csum)
总和为： 12913.642718814439
>>> cmax = wsloc['行走速度'].max()
>>> print('最大值为：',cmax)
最大值为： 0.5799447029469281
>>> cmin = wsloc['行走速度'].min()
>>> print('最小值为：',cmin)
最小值为： 0.196103238866397
>>> cquantile = wsloc['行走速度'].quantile()
>>> print('中位数为：',cquantile)
中位数为： 0.428553836049423
>>> cquantile75 = wsloc['行走速度'].quantile(0.75)
>>> print('上四分位数为：',cquantile75)
上四分位数为： 0.4674869330909328
>>> cquantile25 = wsloc['行走速度'].quantile(0.25)
>>> print('下四分位数为：',cquantile25)
下四分位数为： 0.38281153807407714
>>> cstd = wsloc['行走速度'].std()
>>> print('标准方差为：',cstd)
标准方差为： 0.06285898585936876
>>> |
```

图 6.1.11　Python 统计得到总和等统计量

　　为了美观，我们可以用 round(csum, 4) 限制总和保留 4 位数，具体可视需求决定。

　　第五步，绘制直方图。

　　输入下列命令计算极差、分组数、组距，并最终绘制直方图。

```
grange = round(cmax - cmin,4)                           #计算极差,并保留小数点后四位
groupnum = math.ceil(math.sqrt(ccount))                 #计算分组数,ceil是取上整数
groupwidth = round(grange / groupnum,4)                 #计算组距
wsloc.行走速度.plot.hist(bins=groupnum)                   #绘制直方图
plt.xticks(np.arange(round(cmin,4),round(cmax,4         #设置直方图格式
),round(groupwidth,4)), fontsize=8,rotation=90)
plt.show()                                              #将直方图在屏幕显示
```

　　图 6.1.12 所示为最终直方图。

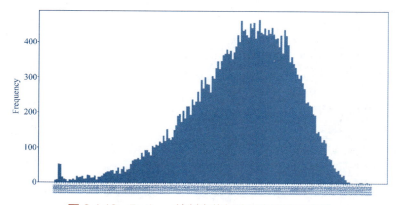

图 6.1.12　Python 绘制空载行驶行走速度直方图

因为分组太多，所以图 6.1.12 中横坐标已经看不清。为了美观，可以自行调整组间距 groupwidth 的取值，不一定要按照上述公式计算。

● 问题管理

本任务分别介绍了运用 Excel 和 Python 两种处理方法。Excel 处理更加直观，容易使用，但是每当数据调整后，重新画图就要重复所有步骤。如果使用 Python 来进行描述统计和绘制直方图，当数据调整后，需要再次进行描述统计时，只需要将上述代码复制，再次运行即可，使用更加灵活。本任务要求学习者掌握相应指标的求解函数，需要对 Excel 中的功能熟练使用，并能够掌握利用 Python 进行描述统计和绘制直方图的方法及相关函数的运用。

● 知识拓展

1. 平均数类型

本案例分析采用算术平均数作为设备性能的一项参考指标。平均数也分为多种类型，除算术平均数以外，还包括几何平均数、加权平均数等。在不同的案例中可视具体情况采用其他类型平均数作为性能评价的指标。

2. 偏度

偏度也称为偏态、偏态系数，是统计数据分布偏斜方向和程度的度量，是统计数据分布非对称程度的数字特征。

3. 峰度

峰度又称峰态系数，表征概率密度分布曲线在平均值处峰值高低的特征数。直观看来，峰度反映了峰部的尖度。样本的峰度是和正态分布相比较而言的统计量，如果峰度大于 3，峰的形状比较尖，比正态分布的峰要陡峭，反之亦然。

● 任务小结

本任务根据设备收集的性能数据，首先进行了相应数据的描述性统计，通过 Excel 统计和计算一系列性能指标的统计值，可以从宏观上把握性能指标的整体情况；随后通过 Excel 的制图功能，制作频率直方图，以更直观地展示设备性能情况。通过任务学习，要求学习者对 Excel 软件中的数据分析与制图功能能够熟练运用。

任务 2　性能分布规律的核密度估计

●任务描述

在本单元任务 1 中，我们运用描述性统计对样本数据的分布情况进行描述，现在我们希望根据样本情况对总体分布情况进行估计。由于我们完全不知道总体分布的分布类型，所以请根据样本数据估计总体分布的核密度函数，并画出核密度估计图。

●任务分析

核密度估计是非参数估计的一种方法，为了根据样本数据的情况，画出总体的核密度估计图，我们需要首先计算带宽，然后根据高斯核函数得到核密度估计函数，之后运用 Excel 或者 Python 工具绘制核密度估计图。

●相关知识

1. 非参数估计

非参数估计是相对于参数估计来说的一类估计方法。非参数估计又称为非参数检验，是指在不考虑原总体分布或者不做关于参数假定的前提下，直接用已知类别的学习样本的先验知识直接进行统计检验和判断分析的一系列方法的总称。

非参数估计不对总体分布模型做出假设，可避免对总体分布规律的假设不当导致重大错误，所以有较好的稳健性。参数估计要求函数的数学模型形式已知，如假定研究的问题服从正态分布或二项分布，再用已知类别的学习样本估计里面的参数，但这种假定有时并不成立。

参数估计通常会假设总体服从正态分布，这在现实生活中也经常是成立的。但是也有一些情况下，我们无法保证总体分布服从正态分布，此时非参数估计可以作为参数估计的替代方法。因此，使用非参数估计的关键是要弄清楚数据是否具有正态分布。如果数据大致呈现"钟形"分布，则可以使用参数估计。当数据不满足正态性时，将使用非参数估计。在分析过程中不涉及总体分布参数的检验方法，都可以称为非参数估计，常见的非参数估计方法包括 Wilcoxon 检验、Mann-Whitney 检验、Kruskal-Wallis 检验等。

非参数估计具有以下优点：

(1) 假设条件少，应用范围广泛；

(2) 运算简单，可节省运算时间；

(3) 方法直观，不需要太多的数学基础知识和统计学知识，容易理解；

(4) 能够适应名义尺度和顺序尺度等对象，而参数估计不行；

(5) 当推论多达三个以上时，非参数统计方法尤其具有优越性。

总体来说，非参数估计适用于估计隐含影响因素较多的权证隐含波动率，而且使用 MATLAB、Stata 等软件做非参数估计，可以很好地克服计算工作量大的缺点。

2. 核密度估计

核密度估计又名 Parzen 窗，它是在概率论中用来估计未知总体的密度函数，也是用来估计未知变量的密度函数的一种方法，属于非参数检验方法之一，主要解决对总体分布未知的情况下如何估计样本概率分布的问题。

在核密度估计中，当需要估计一个点的概率密度值的时候，根据待估计点与每一个样本点的距离计算出一个密度值；距离越近得到密度值越大，距离越远则密度值越小；最后将所有密度值加权平均得到该估计点在样本分布中的一个概率密度值。因此，核密度估计是对直方图的一个自然拓展，使用核密度估计可以较好地解决直方图存在的图形不平滑、图形受组数影响大、难以计算概率密度值等问题。

核密度估计通过采用平滑的峰值函数（"核"）来拟合观察到的数据点，对真实的概率分布曲线进行模拟，因而不需要利用数据分布的先验知识，对数据分布不附加任何假定，是一种从数据样本本身出发研究数据分布特征的方法，在统计学理论和应用领域均受到高度的重视。

3. 核密度估计计算方法

核密度估计可以看作是对频率直方图的推广和平滑，是一种用于估计概率密度函数的非参数方法。对于独立同分布 F 的 n 个样本点，将其概率密度函数记为 f，则核密度估计函数公式如下：

$$\hat{f}_h(x) = \frac{1}{n}\sum_{i=1}^{n} K_h(x-x_i) = \frac{1}{nh}\sum_{i=1}^{n} K_h\left(\frac{x-x_i}{h}\right)$$

其中，n 为样本量，x_i 为已知样本点数据，$K(\cdot)$ 为核函数（非负、积分为 1，符合概率密度性质，并且均值为 0）。常用的核函数有很多种，如 uniform、triangular 等。这里我们选取高斯核函数，其计算公式为：

$$K(u) = \frac{1}{\sqrt{2\pi}}\exp\left(-\frac{1}{2}u^2\right)$$

带宽 h 的计算公式采用：

$$h = 1.06\hat{\sigma}n^{-\frac{1}{5}}$$

其中，$\hat{\sigma}$ 为样本数据标准差。

最小核估计密度和实际密度的均方误差为：

$$MISE = E \int [\hat{f}(x) - f(x)]^2 dx$$

带宽 $h = 1.06\hat{\sigma}n^{-\frac{1}{5}}$ 可以使得均方误差最小化。

4. 带宽对核密度函数估计结果的影响

在不同的带宽下，核密度函数估计结果存在较大的差异。带宽反映了核密度估计曲线整体的平坦程度，也即观察到的数据点在核密度估计曲线形成过程中所占的比重。带宽越小，观察到的数据点在最终形成的曲线形状中所占比重越大，核密度估计曲线整体曲线就越陡峭（如图 6.2.1 中左侧图形）；带宽越大，观察到的数据点在最终形成的曲线形状中所占比重越小，核密度估计曲线整体曲线就越平坦（如图 6.2.1 中右侧图形）。

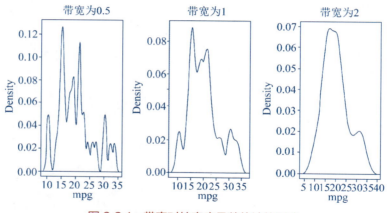

图 6.2.1　带宽对核密度函数估计的影响

●任务准备

准备计算机、Excel、Python 软件、计算器、纸、笔等基本工具。

●任务实施

方法一：基于 Excel 的核密度估计

第一步，打开 Excel 数据文件。

打开案例文件下"搬运 AGV 设备性能数据 .xlsx"，找到"核密度估计"表。

第二步，数据描述性统计。

确定需要进行仿真的数据，对"核密度估计"表中的"行走速度"列数据进行描述性统计。单击"数据"中的"数据分析"，选择"描述统计"功能。在"输入区域"选取"行走距离"数据列，勾选"标志位于第一行"和"汇总统计"，单击"确定"，可得到样本容量（即观测数）$n = 2189$，标准差 $\hat{\sigma} = 0.317356$。

第三步，计算核密度带宽 h。

在求得观察数与标准差后，根据公式 $h = 1.06\hat{\sigma}n^{-\frac{1}{5}}$，我们在单元格 F16 输入公式"=1.06*F7*F15^(-1/5)"（这里 F7 和 F15 分别存储了标准差和观测数 n，可根据实际存储位置调整），计算得出带宽 $h = 0.072244$，并通过"设置单元格格式"，保留小数位数两位，对带宽值进行化简。如图 6.2.2 所示，最终求得带宽 $h = 0.07$，此时可得核密度估计函数为 $\hat{f}_h(x) = \dfrac{1}{nh}\sum_{i=1}^{n}K_h\left(\dfrac{x - x_i}{h}\right) = \dfrac{1}{159.14}\sum_{i=1}^{2189}\dfrac{1}{\sqrt{2\pi}}\exp\left[-\dfrac{1}{2}\left(\dfrac{x - x_i}{0.07}\right)^2\right]$。

第四步，制作核密度估计图。

(1) 框选"行走速度"列 A1 至 A2190 数据，打开"EasyCharts"插件功能栏，选择"统计分析"中的"核密度估计图"绘制核密度估计函数图，结果如图 6.2.3 所示。

图 6.2.2　计算核密度带宽 h

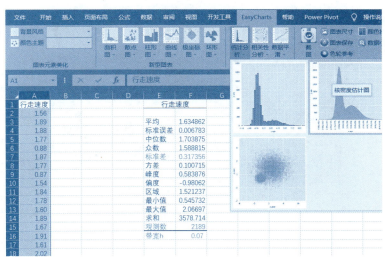

图 6.2.3　绘制核密度估计图

（2）设置核密度估计带宽，输入密度控制带宽 $h=0.07$，单击"确定"，如图 6.2.4 所示。

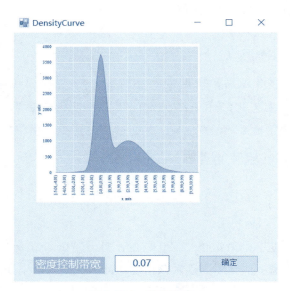

图 6.2.4　设置带宽 h

（3）确定带宽并输出结果，最终得到核密度估计图，如图 6.2.5 所示。在生成的核密度估计图中，图标题的"x axis"代表的是"x 轴数据"，在案例中代表"行走速度"，y 轴表示对应的核密度估计值。从此图可以看出，行走速度总体服从左偏分布，偏度和峰度都不算太高。

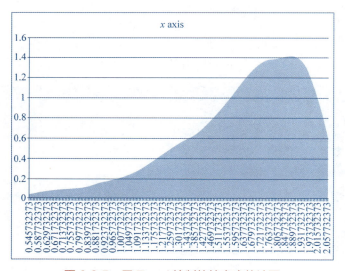

图 6.2.5　用 Excel 绘制的核密度估计图

方法二：基于 Python 的核密度估计

在运用 Python 完成任务 1 后，为了画出核密度估计图，我们只需要在交互界面输入下列 2 条命令即可。其中，第一条命令为绘制核密度估计图，第二条命令为将该核密度估计图在屏幕上显示出来，如图 6.2.6 所示。

```
wsloc.行走速度.plot.kde(bw_method =1.06*cstd*(ccount**(-1/5)))
plt.show()
```

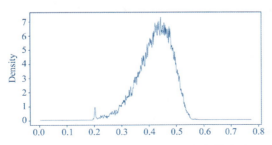

图 6.2.6　用 Python 绘制的核密度估计图

上面第一条命令中的 bw_method =1.06*cstd*(ccount**(-1/5)) 是按照 $h=1.06\hat{\sigma}n^{\frac{1}{5}}$ 设置带宽，如果希望调整图形，可以直接调整 h 取值即可。

此外需要注意，在绘制核密度估计图时，需要用到 scipy 库。如果你的计算机中没有，则需要在 CMD 命令提示符界面执行 "pip install scipy"，即可下载安装。

●问题管理

本任务的主要难点在于理解非参数估计的原理，并掌握其中的核密度估计法，从而对设备性能数据进行核密度估计分析。这里，我们同样介绍了 Excel 和 Python 两种绘制核密度估计图的方法，显然方法二比方法一效率高很多。

●知识拓展

1. 参数估计

假设总体服从某个分布，如正态分布、卡方分布、t 分布的前提下，根据样本分布情况对总体分布的参数，如期望、方差等进行估计的过程称为参数估计。参数估计又可分为点估计和区间估计。点估计是依据样本估计总体分布中所含的未知参数或未知参数的函数，常用方法有矩估计法、极大似然估计、最小二乘法等；区间估计是在点估计的基础上，给出参数估计的上下界。参数估计具有以下标准特点：

(1) 无偏性。是指估计量抽样分布的数学期望等于总体参数的真值。无偏性的含义是，估计量是一随机变量，对于样本的每一次实现，由估计量算出的估计值有时可能偏高，有时可能偏低，但这些估计值平均起来等于总体参数的真值。在平均意义下，无偏性表示没有系统误差。

(2) 有效性。是指估计量与总体参数的离散程度。如果两个估计量都是无偏的，那么离散程度较小的估计量相对而言是较为有效的。离散程度是用方差度量的，因此在无偏估计量中，方差愈小愈有效。

(3) 一致性。又称相合性，是指随着样本容量的增大，估计量愈来愈接近总体参数的真值。

2. 核函数

核函数包括线性核函数、多项式核函数、高斯核函数等，其中高斯核函数最常用，可以将数据映射到无穷维，也称为径向基函数，是某种沿径向对称的标量函数。通常定义为空间中任一点 x 到某一中心 xc 之间欧氏距离的单调函数，可记作 $k(||x-xc||)$，其作用往往是局部的，即当 x 远离 xc 时函数取值很小。除高斯核函数以外，常用的核函数还包括均匀核函数、三角核函数和伽马核函数等。

3. 正态分布曲线

正态分布曲线是指满足正态分布的分布曲线。正态分布也称"常态分布"，又名高斯分布，最早由棣莫弗在求二项分布的渐近公式中得到。高斯在研究测量误差时从另一个角度导出了它。拉普拉斯和高斯研究了它的性质，是一个在数学、物理及工程等领域都非常重要的概率分布，在统计学的许多方面有着重大的影响力。正态曲线呈钟形，两头低，中间高，左右对称，因其曲线呈钟形，人们又称之为钟形曲线。若随机变量 X 服从一个数学期望为 μ、方差为 σ^2 的正态分布，记为 $N(\mu, \sigma^2)$。正态分布的期望值决定了其位置，其标准差决定了分布的幅度。当 $\mu = 0$，$\sigma = 1$ 时，正态分布是标准正态分布。

4. EasyCharts 插件

EasyCharts 是一款简单易用的 Excel 插件，主要有一键生成 Excel 未提供的图表、图表美化、配色参考等功能，EasyCharts 从一定程度上克服了在平面上展示高维数据的困难，可以通过读入现有的柱形图或曲线图，以自动或手动的方法读取并获得图表的原始数据，自动实现图表背景风格的设定与转换，选择合适的函数对数据点进行拟合等。

●任务小结

在前一节任务基础上，本小节更进一步地介绍了非参估计分析方法，并对其中的核密度估计法进行了详细的讲解，通过 Excel 函数和相应的绘图插件的运用，绘制出核密度估计图，用以观察设备性能数据的分布情况并进行分析。通过本任务的学习，要求学习者理解非参数估计与核密度估计方法的原理，并能熟练运用软件进行性能数据分析。

任务 3　根据核密度函数生成随机数

●任务描述

　　在本单元任务 2 中，我们通过运用核密度估计法，得到设备行走速度数据对应的核密度区间的概率密度值，并绘制出其核密度估计图以反映设备的性能数据分布情况。接下来，我们在核密度估计方法的基础上，根据核密度函数，生成一系列的随机数用于模拟行走速度。

●任务分析

　　为了根据核密度函数生成一系列随机数，并且使得随机数的分布规律与核密度估计图大致一致，也与样本数据基本一致，我们首先需要根据样本数据最大值、最小值、带宽等计算随机数分布的区间个数及每个区间的上下限；然后根据区间上下限计算其对应的核密度估计值；进而计算每个区间应生成随机数的数量，最后利用随机数生成器生成每个区间内的随机数，合并起来即可得到模拟行走速度的随机数序列。

●相关知识

1. VLOOKUP 函数

　　VLOOKUP 函数是 Excel 中的一个纵向查找函数，它与 LOOKUP 函数和 HLOOKUP 函数属于一类函数，可以实现数据的正逆向查找、多条件查找和模糊匹配。例如，以零件编号来查看汽车零件的价格，或根据员工识别码寻找员工姓名等。与之对应的 HLOOKUP 是按行查找的，它们在数据处理工作中应用广泛。该函数的语法规则如下：

　　VLOOKUP(lookup_value,table_array,col_index_num,range_lookup)

　　"lookup_value" 为需要在数据表第一列中进行查找的数值。"lookup_value" 可以为数值、引用或文本字符串。当 VLOOKUP 函数第一参数省略查找值时，表示用 0 查找。

　　"table_array" 为需要在其中查找数据的数据表。使用对区域或区域名称的引用。

　　"col_index_num" 为 "table_array" 中查找数据的数据列序号 "col_index_num" 为 1 时，返回 "table_array" 第一列的数值；"col_index_num" 为 2 时，返回 "table_array" 第二列的数值，以此类推。

　　"range_lookup" 为逻辑值，指明 VLOOKUP 函数查找时是精确匹配还是近似匹配。如果为 FALSE 或 0，则返回精确匹配，如果找不到，则返回错误值 #N/A。如果 "range_lookup" 为 TRUE 或 1，VLOOKUP 函数将查找近似匹配值，也就是说，如果找不到精确匹配值，则返回小于"lookup_value"的最大数值。应注意，VLOOKUP 函数在进行近似匹配时的查找规则是从第一个数据开始匹配，没有匹配到一样的值就继续与下一个值进行匹配，直到遇到大于查找值的值，此时返回上一个数据 (近似匹配时应对查找值所在列进行升序排列)。如果"range_lookup"省略，则默认为 1。

2. 随机数

随机数是随机变量随机取样的结果，可以在仿真实验中用来作为随机变量的代表，特别是当总体分布未知，或者已知但是没有明确的分布函数的情况下 (如总体分布只有核密度估计函数)，计算机无法根据总体分布直接生成随机数作为总体的代表，就需要事先通过一定方法生成一个随机数列，作为总体的代表进行仿真实验的输入。随机数最重要的特性是它在产生时后面的那个数与前面的那个数毫无关系。

在统计学的不同技术中都需要使用随机数，比如，从统计总体中抽取有代表性的样本，将实验动物分配到不同的试验组，进行蒙特卡罗模拟法计算等。

产生随机数有多种不同的方法。C 语言、C++、C#、Java、Matlab、PHP、C51 等程序语言和软件中都有对应的随机数生成函数，被称为随机数生成器。

3. 随机数发生器

一个随机数发生器就是一个产生数据流的工具，数据流中的每一个都不可预测，但是从一定长度的数据流来看，它又符合某种分布。随机数发生器具备以下三个属性：随机性、不可预测性、不能被可靠地重复产生。在 Excel 中的"随机数发生器"分析工具，可用几个分布中的一个产生的独立随机数字来填充某个区域。另外，可以通过概率分布来表示样本总体中的主体特征。例如，可以使用正态分布来表示人体身高的总体特征，或者使用两项可能结果的伯努利分布来表示掷币实验结果的总体特征。

●任务准备

准备计算机、Excel、Python 软件、计算器、纸、笔等基本工具。

●任务实施

方法一：基于 Excel 生成随机数

第一步，打开 Excel 数据文件。

打开案例文件下"搬运 AGV 设备性能数据 .xlsx"文件，找到"核密度估计"表。

第二步，建立生成随机数的区间。

(1) 划分区间。由汇总统计可知，样本数据的最大值 Max=2.0669698，最小值 Min=0.5457324，在区间 [0.5457324,2.0669698] 等距生成 m 个点，记为 y_i，这 m 个点将是未来随机数各个区间的中间值，可以作为这个区间的代表。区间组距取为核密度带宽 h=0.07，则可得 $m = \dfrac{\text{Max} - \text{Min}}{h} = 22$。以 y_1=0.5457324 为最左侧区间的代表，根据设定的组距大小，建立数据列 y_i。

(2) 得到核密度估计值。在本单元任务 2 中，通过软件生成核密度估计图，可以同时运算得到核密度估计函数值，其中 C 列"X axis"代表行走速度数据值，D 列"Y axis"代表对应速度的概率密度函数值，如图 6.3.1 所示。

(3) 查找区间上下限核密度估计值。对应数据列，通过使用 VLOOKUP 函数，建立数据列。此处框选"R1:R23"，通过"数据"中的"插入函数"功能，选择"VLOOKUP"，单击"确定"。通过这一过程可以查找每一个区间内下界列对应的核密度估计值。函数参数填写如图 6.3.2 所示，注意完成填写后同时按"Ctrl+Shift+Enter"运行函数。

图 6.3.1　核密度估计值数列　　　　图 6.3.2　VLOOKUP 函数

(4) 求和。使用 SUM 函数对 f_i 数据列进行加总，求得总和为 14.284126。然后计算区间宽度 δ 为 y_i 的邻域范畴，此时 $\delta = y_{i+1} - y_i$，区间为 $[y_i - \dfrac{\delta}{2}, y_i + \dfrac{\delta}{2}]$，如图 6.3.3 所示。

第三步，确定对应区间生成随机数的个数。

根据 $g_i = \dfrac{f_i}{\Sigma f_i}$，计算各区间的概率密度比 g_i，单元格格式选择"百分比"。根据各区间的概率密度比，计算各区间对应生成的随机数个数 K。假定当前需要生成数据仿真随机数个数 K=10000，根据 $K_i = Kg_i$，计算各区间生成的随机数个数 K_i，如图 6.3.4 所示。这里需要注意将概率密度比值的单元格格式调整为"百分比"展示，并且将生成个数 K 值的单元格格式中"小数点位数"调整为零，以便取整生成随机数。

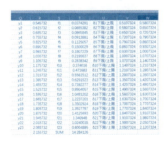

图 6.3.3　生成随机数的区间

Q	R	S	T	U	V	W	X	Y	Z	AA
y1	0.545732	f1	0.0374291	δ1下限/上限	0.5107324	0.5807324	g1	0.26%	K1	26
y2	0.615732	f2	0.0685382	δ2下限/上限	0.5807324	0.6507324	g2	0.48%	K2	48
y3	0.685732	f3	0.0865845	δ3下限/上限	0.6507324	0.7207324	g3	0.61%	K3	61
y4	0.755732	f4	0.0913881	δ4下限/上限	0.7207324	0.7907324	g4	0.64%	K4	64
y5	0.825732	f5	0.1125057	δ5下限/上限	0.7907324	0.8607324	g5	0.79%	K5	79
y6	0.895732	f6	0.1500029	δ6下限/上限	0.8607324	0.9307324	g6	1.05%	K6	105
y7	0.965732	f7	0.1807229	δ7下限/上限	0.9307324	1.0007324	g7	1.27%	K7	127
y8	1.035732	f8	0.2195637	δ8下限/上限	1.0007324	1.0707324	g8	1.54%	K8	154
y9	1.105732	f9	0.2838342	δ9下限/上限	1.0707324	1.1407324	g9	1.99%	K9	199
y10	1.175732	f10	0.374016	δ10下限/上限	1.1407324	1.2107324	g10	2.62%	K10	262
y11	1.245732	f11	0.471683	δ11下限/上限	1.2107324	1.2807324	g11	3.30%	K11	330
y12	1.315732	f12	0.5561512	δ12下限/上限	1.2807324	1.3507324	g12	3.89%	K12	389
y13	1.385732	f13	0.6291523	δ13下限/上限	1.3507324	1.4207324	g13	4.40%	K13	440
y14	1.455732	f14	0.7392277	δ14下限/上限	1.4207324	1.4907324	g14	5.18%	K14	518
y15	1.525732	f15	0.8904057	δ15下限/上限	1.4907324	1.5607324	g15	6.23%	K15	623
y16	1.595732	f16	1.0481202	δ16下限/上限	1.5607324	1.6307324	g16	7.34%	K16	734
y17	1.665732	f17	1.2237201	δ17下限/上限	1.6307324	1.7007324	g17	8.57%	K17	857
y18	1.735732	f18	1.3502924	δ18下限/上限	1.7007324	1.7707324	g18	9.45%	K18	945
y19	1.805732	f19	1.3927787	δ19下限/上限	1.7707324	1.8407324	g19	9.75%	K19	975
y20	1.875732	f20	1.4125693	δ20下限/上限	1.8407324	1.9107324	g20	9.89%	K20	989
y21	1.945732	f21	1.340948	δ21下限/上限	1.9107324	1.9807324	g21	9.39%	K21	939
y22	2.015732	f22	1.0240035	δ22下限/上限	1.9807324	2.0507324	g22	7.17%	K22	717
y23	2.085732	f23	0.6004885	δ23下限/上限	2.0507324	2.1207324	g23	4.20%	K23	420
	2.155732	SUM	14.284126						SUM	10000

图 6.3.4　确定区间的随机数生成个数

第四步，生成随机数。

这里，我们将使用 Excel "数据分析" 功能中 "随机数发生器" 来生成随机数。以生成区间 δ_1 内的随机数为例，选择 "变量个数" 为 1，"随机数个数" 为 $K_1 = 26$，将 "分布" 形式设为 "均匀"，"介于" 区间上下限 $[0.5107324, 0.5807324]$，输出可得到该区间 $[0.5107324, 0.5807324]$ 内生成的随机数，如图 6.3.5 所示。

同理，按照上例的随机数生成方法，依次在剩下的区间内生成相应数量的随机数，并通过新工作表查看生成的随机数列。这些随机数基于设备行走速度的核密度函数曲线所生成，对应各个区间的概率密度比生成仿真随机数据，如图 6.3.6 所示。

图 6.3.5　随机数发生器生成随机数

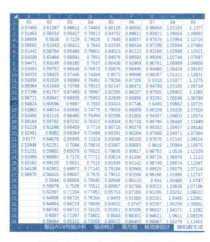

图 6.3.6　生成仿真随机数

方法二：基于 Python 生成随机数

第一步，执行任务 1。

输入任务 1 的所有代码，执行相关命令，以读取数据，并获得相关常用统计量。注意，不需要执行任务 2 的命令。

第二步，计算核密度估计区间分界点。

输入下列命令，计算核密度估计每个区间的上下界及临界点对应的核密度函数。

```
a=[cmin]
row = cmin                              #将最小值作为最左侧区间下界存入数组a
for i in  range(0,1+math.ceil( (cmax-
cmin)/(1.06*cstd*(ccount**(-1/5))))):   #1+math.ceil((cmax-cmin)/
    row = row +                         (1.06*cstd*(ccount**(-1/5))))为分组数
(1.06*cstd*(ccount**(-1/5)))
        a.append(row)                   #不断增加区间分界点数值
yi = pd.DataFrame(a)
yi.columns = ['y']
```

第三步，计算随机数分布区间上下界。

输入下列命令，以核密度估计区间分界点作为随机数分布区间的中间点，计算每个区间的上下界。

```
up=[]
down=[]
for i in range(0,len(a)-1):
  up.append(a[i]+((a[i+1]-a[i])/2))     #不断计算区间上界
  down.append(a[i]-((a[i+1]-a[i])/2))   #不断计算区间下界
```

第四步，计算每个区间分界点对应的核密度函数值。

输入下列命令，以核密度估计图的区间分界点(也是未来随机数分布区间中间点)对应的核密度函数值。

```
from sklearn.neighbors import
KernelDensity as kd kde=kd(kernel='
gaussian',bandwidth=1.06*cstd*(ccou   #导入计算核密度函数的KernelDensity工具包
nt**(-1/5))).                          #定义核密度函数kde,明确核函数为gaussian,
                                         并明确带宽公式
fit(wsloc['行走速度'].values.reshape(-1,1))
log_dens = kde.score_samples(yi['y'].  #计算核密度函数值的对数函数log
values.reshape(-1,1))                  #运用指数函数还原核密度函数值
exp_value = pd.DataFrame(np.exp(log_   #所有区间核密度函数值求和
dens))
fvalue_sum = exp_value[0].sum()
fvalue = list(exp_value[0])
```

第五步，生成随机数。

输入下列命令，首先计算每个区间应该生成随机数的个数，然后按区间生成随机数。

```
nums = []                              #定义一个存储区间随机变量个数的数组
for i in range(0,len(fvalue)):
  nums.append(math.floor(10000*(fvalue[i]/  #逐个计算每个区间应生成随机数个数;
fvalue_sum)))                          这里假设总共需生产10,000个随机数
                                       #定义一个存储每个区间内生成的随机变
all_nums = []                          量的二维数组

for i in range(0,len(up)):
  all_nums.append([])                  #逐个区间生成在该区间
for i in range(0,len(up)):             内均匀分布的随机变量组
                                       #每个区间内连续num[i]
  for j in range(0,nums[i]):           次生成均匀分布的随机数
    all_nums[i].append(np.random.uniform(up[i],
down[i]))
```

第六步，结果输出。

最后，我们把生成的随机数写入 Excel 文件，便于查看和未来使用。

```
print('数据写入xlsx中...')
wb = xl.load_workbook(r'D:\python\          #打开Excel表,注意需要根据自己文档位置调整
proc\搬运AGV设备性能数据.xlsx')           命令
ws = wb.create_                             #在Excel新建一个表格,命名为"python生成随
sheet('python生成随机数10000')             机数10000"

for i in range(0, len(all_nums)):
        for j in range(0,                   #随机数按照行列位置写入Excel
len(all_nums[i])):                          #关闭Excel,保存数据。
                    ws.cell(j+1,i+1).
value = all_nums[i][j]
wb.save(r'D:\python\proc\搬
运AGV设备性能数据.xlsx')
```

输入并执行上述命令后，打开 Excel 文件"搬运 AGV 设备性能数据 .xlsx"时，会看到多了一张名为"python 生成随机数 10000"的表格（见图 6.3.7）。表格内有 23 列随机数，从左到右每一列的数值在不断变大。有些列随机数比较多，如第 18 列；有的列比较少，如第 1 列。这个分布规律与图 6.2.6 的核密度估计图基本一致。

图 6.3.7　生成仿真随机数

● 问题管理

本任务的主要难点在基于核密度估计的基础上，构建符合核密度函数分布的随机数

生成区间，掌握区间计算与划定，能够通过 Excel 函数构建区间，掌握使用"随机数生成器"对各个区间进行随机数生成，从而对设备性能数据生成用以仿真的数据。

如果运用 Python 语句完成这个工作，则下次重复该工作时，只需要复制程序再次运行，并调整必要参数即可。但是程序设计比较复杂，理解难度稍高。

通过本任务的学习，要求学习者更进一步熟悉核密度估计法原理，并掌握随机数生成方法及运用 Python 生成随机数的方法。

●知识拓展

1. 伪随机数

伪随机数是用确定性的算法计算出来自 [0,1] 均匀分布的随机数序列，并不是真正的随机，但具有类似于随机数的统计特征，如均匀性、独立性等。在计算伪随机数时，若使用的初值 (种子) 不变，那么伪随机数的数序也不变。伪随机数可以用计算机大量生成，在模拟研究中为了提高模拟效率，一般采用伪随机数代替真正的随机数。模拟中使用的一般是循环周期极长并能通过随机数检验的伪随机数，以保证计算结果的随机性。其他详细信息可参考网址 https://baike.baidu.com/item/ 核密度估计。

2.R 语言随机数生成方法

R 用于统计分析、绘图的语言和操作环境。R 是属于 GNU 系统的一个自由、免费、源代码开放的软件，它是一个用于统计计算和统计制图的优秀工具。在 R 语言中，提供了多种分布的随机数函数，如 runif(10，min=1，max=10) 产生 n 个标准均匀分布 r 随机数，rnorm(10，mean=0，sd=1) 产生 n 个标准正态分布随机数，如图 6.3.8 所示：

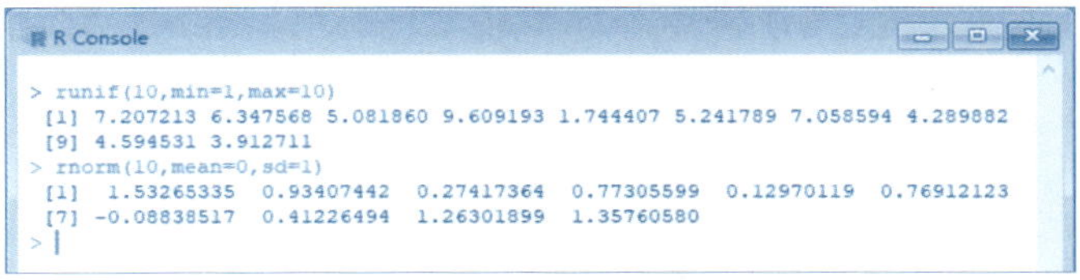

图 6.3.8　R 语言生成随机数

●任务小结

任务 3 在核密度估计法分析的基础上，根据核密度函数情况构建符合其数据分布情况的仿真随机数，通过运用 Excel 函数和功能，生成符合核密度函数分布的随机数组，用以观察设备性能数据的分布情况并进行数据仿真。通过本任务学习，要求学习者进一步理解核密度估计方法的原理，并掌握运用软件生成与样本分布规律相同的随机数。

第7单元
设备可靠性分析

【内容概览】

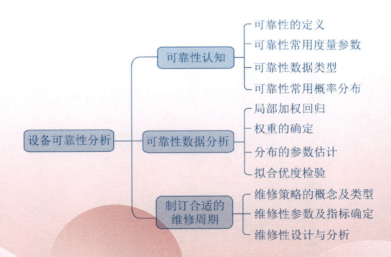

【知识目标】

1. 理解可靠性的含义及参数指标，了解可靠性常用函数及应用；

2. 理解可靠性参数估计和检验，拟合失效曲线；

3. 了解维修策略及参数指标，理解维修性设计与分析。

【技能目标】

1. 掌握可靠性常用度量参数和函数，并根据不同场景进行应用；

2. 掌握利用 R 语言拟合失效曲线，通过参数估计和检验预测产品或设备失效趋势，针对性采取措施，减少或者减轻失效，提升可靠性；

3. 合理设计和分析维修周期，降低运营成本，提升设备可靠性。

【职业目标】

1. 胜任物流及相关行业的设备管理岗位；

2. 胜任物流及相关行业的质量可靠性分析岗位；

3. 建立质量安全观，提升高质量意识和溯源观，树立全生命周期质量安全管理理念。

任务 1　可靠性认知

●任务描述

在某次车辆可靠性测试中，10 台车辆 (1,2,3,…,10) 从 0 时刻开始测试，其运行时长如图 7.1.1 所示，┄┄表示车辆发生故障下线，请分别回答以下两个问题：

(1) 假设测试在 500 小时停止，请指出其中的右删失数据；

(2) 假设测试在 550 小时停止，请指出其中的右删失数据。

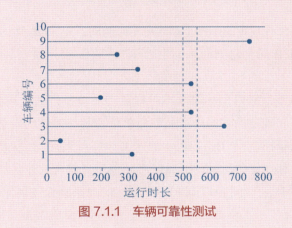

图 7.1.1　车辆可靠性测试

●任务分析

需要掌握删失数据相关概念，才能准确判断出不同停止时间的右删失数据。

●相关知识

1. 可靠性的定义

可靠性通常是指产品在规定的条件下和规定的时间内，完成规定功能的能力。可靠性的概率度量称为可靠度。

(1) 规定的条件一般包括使用时的环境条件和工作条件，需要从产品的寿命剖面和任务剖面两方面去理解。

（2）规定的时间是指产品使用持续期的度量值，可靠性中的时间是广义的，也称为寿命单位，度量值是多维度的，可以是时间、距离、次数等维度，具体实践中通常的表示单位包括工作小时、年、公里、次数等。

（3）"能力"是产品本身固有特性，是产品在规定条件和规定时间内完成规定功能的水平。由于产品在规定条件和规定时间内完成功能的能力不是一个确定值，通常是随机变量，因此一般用概率进行度量。

2. 可靠性常用度量参数

度量产品可靠性的参数比较多，有可靠度、故障率、平均失效前时间、平均故障间隔时间、平均严重故障间隔时间、可靠寿命、存储寿命、使用寿命、首次大修期限等。

（1）可靠度：指产品在规定的条件下和规定的时间内，完成规定功能的概率。

（2）故障率：指工作到某时刻尚未发生故障的产品，在该时刻后单位时间内发生故障的概率。

（3）平均失效前时间（MTTF）：表示不可修复产品可靠性的一种基本参数，其度量方法为在规定的条件下和规定的时间内产品寿命单位总数与失效产品总数之比。

（4）平均故障间隔时间（MTBF）：表示可修复产品可靠性的一种基本参数，其度量方法为在规定的条件下和规定的时间内产品的寿命单位总数与故障次数之比。

（5）平均严重故障间隔时间（MTBCF）：指规定的一系列任务剖面中，产品任务总时间与严重故障总数之比。

（6）可靠寿命：指给定的可靠度所对应的寿命单位。

（7）存储寿命：指产品在规定的存储条件下能够满足规定要求的存储期限。

（8）使用寿命：指产品使用到达无论从技术上还是经济上考虑都不宜再使用，必须大修或者报废时的寿命单位数。

（9）首次大修期限：指在规定条件下，产品从开始使用到首次大修的寿命单位数，也称为首次翻修期限。

3. 可靠性数据类型

按照数据完整性可将可靠性数据分为完整数据和删失数据（也称不完整数据）。由于产品的故障是随机的，因而更多的是删失数据。

（1）删失数据：已知故障发生时间的部分信息，但不知道故障发生的确切时间。

（2）左删失数据：假设研究对象在某一时刻开始进入研究接受观察，但是在该时间点之前，研究所感兴趣的时间点已经发生，但无法明确具体时间，这种类型称为左删失数据，如图 7.1.2 所示。

(3) 右删失数据：在进行研究观察中，研究对象观察的起始时间已知，但终点事件发生的时间未知，无法获取具体的寿命，只知道寿命大于观察时间，这种类型称为右删失数据，如图 7.1.3 所示。

(4) 区间数据：在实际的研究中，如果不能够进行连续的观察研究，只能预先设定观察时间点，研究人员仅能知道每个研究对象在两次观察区间内是否发生终点事件，而不知道准确的发生时间，这种删失类型称为区间删失，如图 7.1.4 所示。

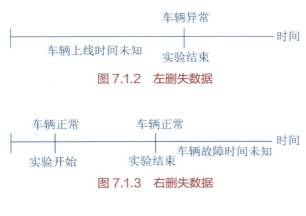

图 7.1.2　左删失数据

图 7.1.3　右删失数据

图 7.1.4　区间删失数据

4. 可靠性常用概率分布

产品的可靠性参数通常都是随机变量，要运用概率论的理论和方法来研究这些随机变量的规律，按数据是否连续可以分为离散型和连续型。

离散型数据的取值是整数或者自然数，也称为计数型数据，例如一批产品的不合格品数、一批灯具工作一段时间的失效数等，属于离散型随机变量的分布。常用来描述此类可靠性的分布函数有二项分布、泊松分布等。

连续型数据的取值是实数在某一区间内的任一个值，也称计量型数据，例如产品发生故障的时间、产品故障的修复时间、产品寿命等，属于连续随机变量的分布。常用来描述此类可靠性的分布函数有均匀分布、正态分布、对数正态分布、指数分布、威布尔分布等。

● **任务准备**

准备纸、笔、计算器等基本工具。

● **任务实施**

第一步：测试在 500 小时停止。

根据图 7.1.1 的数据分析，右删失数据有：3,4,6,9,10。

第二步：测试在 550 小时停止。

根据图 7.1.1 的数据分析，右删失数据有：3,9,10。

● **问题管理**

此任务相对简单，正确完成任务的关键是对删失数据的理解，并且准确根据试验停止时间把握删失数据。

● **知识拓展**

1. 可靠性数据收集方法

可靠性数据收集的内容一般包括：

(1) 对于试验数据，包括产品名称、型号、试验名称、试验条件与试验方式、试验总时间、故障次数、每次故障的累积试验时间（即产品从开始试验至故障时的累积工作时间）、试验次数、成功次数、故障情况、纠正措施、试验的日历时间等。

(2) 对于使用数据，包括名称、型号、使用时间、故障发生的日历时间（使用的累积时间）、故障次数、每次故障的累积工作时间、故障情况、纠正措施等。数据主要通过可靠性试验报告和调查表来收集。

(3) 试验报告来自实验室和外场试用。由于试验是按计划开展的工作，有专人负责，有规范的格式或表格，因此来自试验报告的试验数据是较完善的数据。

(4) 调查表（如 FRACAS 的表格）是收集使用数据的主要方式。根据需求制订数据内容统一、规范的表格，便于在同行业或同部门共享；便于计算机处理；有利于减少重复工作，提高效率；有利于明确认识，统一观点。多年的可靠性工作实践表明，表格的统一、规范化是一项重要的工作。

2. 产品故障率浴盆曲线

大多数产品的故障率随时间的变化曲线形似浴盆，故将故障率曲线称为浴盆曲线，产品故障率浴盆曲线如图 7.1.5 所示。虽然产品的故障机理不同，但产品的故障率随时间的变化大致可以分为三个阶段。

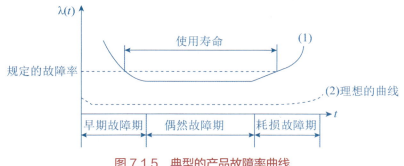

图 7.1.5　典型的产品故障率曲线

(1) 早期故障期。在产品投入使用的初期，产品的故障主要是设计与制造中的缺陷，如设计不当，材料缺陷，加工缺陷，安装调整不当等，产品投入使用后很容易较快地暴露出来。可以通过加强质量管理及采用环境应力筛选 (ESS) 等方法来减少甚至消除早期故障。

(2) 偶然故障期。在产品投入使用一段时间后，产品的故障率可降到一个较低的水平，且基本处于平稳状态，可以近似认为故障率为常数，这一阶段就是偶然故障期。在这个时期产品的故障主要是由偶然因素引起的，偶然故障期是产品的主要工作期间。

(3) 耗损故障期。在产品投入使用相当长的时间后，就会进入耗损故障期，其特点是产品的故障率随时间迅速上升，很快出现产品故障大量增加直至最后报废。这一阶段产品故障主要是由老化、疲劳、磨损、腐蚀等耗损性因素引起的。通过对产品试验数据进行分析，可以确定耗损阶段的起始点，在耗损起始点到来之前停止使用并进行预防性维修，这样可以延长产品的使用寿命。

同时需要注意的是，并非所有产品的故障率曲线都会有明显的三个阶段，例如高质量等级的电子产品，其故障率在其寿命期内基本是一条平稳的直线，而低质量的产品可能存在大量的早期故障或很快进入耗损故障期。

可靠性工作是为了改变这条浴盆曲线，即尽量减少并消除早期故障，尽量延长偶然故障期并尽量降低偶然故障率，同时通过完善预防性维修，尽量延缓故障率的增加，把浴盆曲线改造成故障率较低的理想型曲线。

3. 可靠性的目的

(1) 防止或者降低发生失效的可能性或者频率；

(2) 确认并纠正发生失效的原因；

(3) 确定解决发生失效的方法；

(4) 分析可靠性数据并评估可靠性。

●任务小结

本任务介绍了可靠性的概念、可靠性参数与指标、可靠性描述函数。要求学生能全面掌握可靠性常用度量参数及指标，了解描述可靠性参数的各种函数，掌握可靠性计算方法，理解其应用场景，能够通过设备运行数据分析设备的可靠性状况。

任务 2　可靠性数据分析

●任务描述

数据集 7-1 为某自动化仓库设备的寿命数据，设备从 0 时刻开始工作，具体数据详见"7-1 失效率曲线拟合 .xlsx"（请扫描封底二维码获取相关数据）。根据给定数据集，回答以下两个问题：

(1) 利用 R 语言编程拟合该仓库中设备的失效率曲线；

(2) 检验该仓库中设备寿命是否符合指数分布。

●任务分析

该任务有一定的难度，需要学习者掌握 R 语言编程技能，具有一定的数理统计知识基础，并结合可靠数据分析的需求进行参数估计和假设检验。

●相关知识

1. 局部加权回归

局部加权回归是普通线性回归的一种改进，普通的线性回归努力寻找一个使得全局代价函数最小的模型。这个模型对于整体来说是最好的，但对于局部点来说，不一定是最好的，如图 7.2.1 所示。

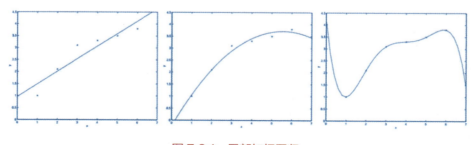

图 7.2.1　局部加权回归

局部加权回归是一种非参数方法，它主要是把样本划分成一个个小区间，对区间中的样本进行多项式拟合，不断重复这个过程，得到在不同区间的加权回归曲线，最后再把这些回归曲线的中心连在一起，合成完整的回归曲线，具体过程如图 7.2.2 所示。

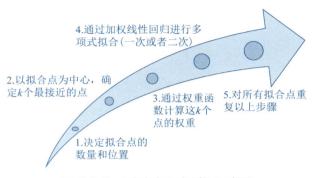

图 7.2.2　局部加权回归过程示意图

2. 权重的确定

权重确定需要确定区间内的点到拟合的点的距离（以下公式是以 x 轴上的距离作为例子进行分析），同时确定区间内最大的距离，然后对其他距离做归一化处理。

$$w_i(x_0) = W(\frac{|x_0 - x_i|}{\eta})$$

由于权重是离拟合点的距离越近越小，所以需要进行函数转化。

$$W(\mu) = (1 - \mu^3)^3$$

转化函数中的指数可以选择二次或者三次。三次方对周围权值的降速更快，平滑效果更好，且适用于大多数分布，但是增加了残差的方差。

对区间内的散点进行加权线性回归拟合，考虑到对拟合点而言，它附近点的取值对拟合线的影响更大，远一点的点的取值对拟合线的影响更小。据此，定义损失函数为：

$$J(a, b) = \frac{1}{N} \sum_{i=1}^{n} w_i(y_i - ax_i - b_i)^2$$

3. 分布的参数估计

在可靠性工程中，数理统计是进行数据整理和分析的基础，其基本内容是统计推断，随机变量的概率分布虽然能较好地描述随机变量，但通常不能对研究对象的总体都进行观察和试验，只能从中随机地抽取一部分样本进行观察和试验，获得必要的数据，进行分析处理，然后对总体的分布类型和参数进行推断，因此需要进行参数估计。而可靠性工程中常用的估计方法包括最大似然估计、最好线性无偏估计、最小二乘法等。最好线性无偏估计法只使用于定数截尾情况，在一定样本量下有专用表格。最大似然估计和最小二乘法几乎适用于所有情况，最大似然估计是精度最好的方法，因此侧重介绍最大似然估计。

若总体 X 为连续型，其概率密度 $f(x,\theta)$ 的形式已知，θ 为待估计参数，设 $x_1,x_2,x_3,\cdots,x_n$ 是来自 X 的样本值，则 $x_1,x_2,x_3,\cdots,x_n$ 的联合密度为：

$$\prod_{i=1}^{n} f(x_i,\theta)$$

设 $x_1,x_2,x_3,\cdots,x_n$ 是相应于样本 $X_1,X_2,X_3,\cdots,X_n$ 的样本值，则样本的似然函数 $L(\theta)=L(x_1,x_2,x_3,\cdots,x_n;\theta)=\prod_{i=1}^{n} f(x_j,\theta)$

似然函数随着 θ 的取值而变化，我们取 θ 估计值 $\hat{\theta}$，使 $L(\theta)$ 取到最大值。

$$L(x_1,x_2,x_3,\cdots,x_n;\hat{\theta}) = \max L(x_1,x_2,x_3,\cdots,x_n;\theta)$$

则称 $\hat{\theta}$ 为 θ 的最大似然估计值。

这样，确定最大似然估计值的问题归结为微积分学中的求最大值的问题。很多情形下，$f(x,\theta)$ 关于 θ 可微，这时 $\hat{\theta}$ 可从下述方程求解得到：

$$\mathrm{d}\frac{L(\theta)}{\mathrm{d}\theta} = 0$$

又因为 $L(\theta)$ 与 $\ln L(\theta)$ 在同一 θ 处取得极值，因此 $\hat{\theta}$ 可从下述方程求解得到：

$$\mathrm{d}\frac{\ln L(\theta)}{\mathrm{d}\theta} = 0$$

4. 拟合优度检验

在可靠性工程中，分布的假设检验是通过产品的寿命试验数据来判断产品的寿命分布，推断的主要方法是拟合优度检验法，拟合优度检验是观测值的分布与先验或拟合观测值的理论分布之间符合程度的度量。拟合优度检验方法有两类，一类是作图法，另一类是解析法。在解析法中，也有多种检验方法，例如 K-S 检验法、F 检验法等。

拟合优度检验是用卡方统计量进行统计显著性检验的重要内容之一，卡方检验是用途非常广的一种假设检验方法，用来检验观测数与依照某种假设或分布模型计算得到的理论数之间一致性的一种统计假设检验，以便判断该假设或模型是否与实际观测数相吻合。

卡方检验的一般步骤如下。

设总体 X 的分布未知，$x_1,x_2,x_3,\cdots,x_n$ 来自 X 样本值。

第一步：构建假设。

H_0：总体 X 的分布函数为 $F(x;\theta_1,\cdots,\theta_r)$

H_1：总体 X 的分布函数不是 $F(x;\theta_1,\cdots,\theta_r)$

其中 $F(x;\theta_1,\cdots,\theta_r)$ 为某种已知分布的分布函数，含有未知参数。

第二步：构建检验统计量。

将 H_0 下 X 可能取值的全体 ϕ 分为 $k(k > r+1)$ 个互不相交的子集 $\{A_1, A_2, A_3, \cdots, A_k\}$，以 $f_i(i=1,2,3,\cdots,k)$ 记样本观察值 $x_1, x_2, x_3, \cdots, x_n$ 中落在 A_i 的个数，则事件 $A_i = \{X$ 的值落在子集 A_i 内 $\}$ 在 n 次独立试验中发生的频率为 f_i/n。

第三步：计算检验。

当 H_0 为真时，根据假设分布 $F(x)$ 可计算事件 A_i 发生的概率为 $p_i = P(A_i) = p_i(\theta_1, \cdots, \theta_r) = p_i(\theta), i=1,2,3,\cdots,k$。此时，需要先利用样本求出未知参数的最大似然估计（在 H_0 下），以估计值作为参数值，求出 p_i 的估计值 $\hat{p}_i$。

频率 f_i/n 和概率 $\hat{p}_i$ 会存在一定的差异，但是当 H_0 为真且实验的次数很多时，这种差异不会太大，即 $(\frac{f_i}{n} - \hat{p}_i)^2$ 不应太大，因此构建如下统计量度量样本 X 和假设分布 $F(x)$ 的吻合程度：

$$\sum_{i=1}^{k} C_i (\frac{f_i}{n} - \hat{p}_i)^2$$

其中 $C_i(i=1,2,3,\cdots,k)$ 为给定常数，且当 $C_i = n/\hat{p}_i(i=1,2,3,\cdots,k)$ 时，定义的检验统计量在 n 足够大 $(n \geqslant 50)$ 时，近似服从 $\chi^2(k-1-r)$ 分布。于是，我们采用卡方统计量作为假设检验统计量。

$$\chi^2 = \sum_{i=1}^{k} \frac{n}{\hat{p}_i} \cdot (\frac{f_i}{n} - \hat{p}_i)^2 = \sum_{i=1}^{k} \frac{f_i^2}{n \cdot \hat{p}_i} - n$$

样本观察值使检验统计量 χ^2 值为：$\chi^2 \geqslant \chi_\alpha^2(k-1-r)$

否则，在显著性水平 α 下拒绝 H_0；反之，则接受 H_0。

●任务准备

准备计算机、R 语言编程软件、计算器、笔、纸等基本工具。

●任务实施

第一步：利用 R 语言编程拟合失效曲线。
失效率曲线拟合的 R 语言代码如下：

```
raw_data = read.csv('7-1 失效率曲线拟合.xlsx',1)
a =sort(raw_data$Error_time)
b = 1/(diff(a)*(length(a):2))
data = data.frame(x = a[1:(length(a)-1)],y = b)
```

```
fit1=loess(y~x,data = data)
plot(data$x,data$y,xlab = "时间(小时)",ylab = "失效率",ylim =
c(0,0.02))
lines(data$x,fit1$fitted,col = 'red')
```

拟合得到的失效曲线如图 7.2.3 所示。

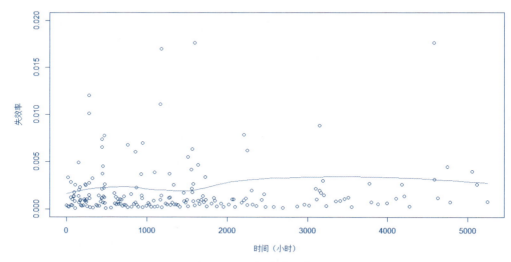

图 7.2.3　拟合失效曲线图

第二步：检验该仓库中设备寿命是否符合指数分布。

(1) 构建假设。首先对仓库中设备寿命是否符合指数分布进行假设。假设设备寿命符合指数分布，则有：

H_0：该自动化仓库设备的寿命服从指数分布 $F(t) = 1 - e^{-\frac{t}{\theta}}$

H_1：该自动化仓库设备的寿命不服从指数分布 $F(t) = 1 - e^{-\frac{t}{\theta}}$

(2) 开展最大似然估计，为估计的点估计值。

(3) 进行卡方检验，具体编程如下：

```
#读取数据
raw_data = read.xlsx('7-1失效率曲线拟合.xlsx ', 1)
a = raw_data$Error_time
#最大似然估计,估计 θ
theta = mean(a)
#数据预处理
A = table(cut(a,breaks = c(0,1000,2000,3000,4000,6000)))
p = pexp(c(1000,2000,3000,4000,6000),rate = 1/theta)
```

```
p = c(p[1],p[2]-p[1],p[3]-p[2],p[4]-p[3],p[5]-p[4])
#卡方检验
chisq.test(A,p)
结果分析：
Pearson's Chi-squared test
X-squared = 20,
df = 16,
p-value = 0.2202
```

结论：不能拒绝原假设，仓库中设备寿命符合指数分布。

通过估计及检验得到仓储设备寿命分布规律，通过指数分布曲线的规律，预测到设备寿命的走向趋势，可以针对性地采取一定的措施减少并消除早期故障，通过指数分布规律，在关键节点有针对性地提前开展保养和维护措施，尽量延长偶然故障期并尽量降低偶然故障率，同时通过完善预防性维修，尽量延缓故障率的增加，尽可能让设备寿命曲线处于控制的理想状态。因此，对设备失效曲线的拟合，有利于提升可靠性工程的效果，为应对事故提供提前预测和有针对性准备，极大改善产品的设备可靠性。

●问题管理

此任务相对复杂，该问题的解决需要掌握一定的数据统计理论和计算机编程知识。对产品失效数据的处理和失效曲线的拟合，需要掌握不同场景适用的函数，以及准确收集和处理数据，并通过对失效曲线的拟合以及假设检验，发现产品或设备失效曲线走势规律，可以较好地预测风险和做出针对性的风险应对措施，减少或者缓解失效风险。

●知识拓展

1. 自由度

自由度 (degree of freedom, df) 指的是计算某一统计量时，取值不受限制的变量个数。$df=n-k$。其中 n 为样本数量，k 为被限制的条件数或变量个数，或为计算某一统计量时用到其他独立统计量的个数。自由度通常用于抽样分布中。

统计学上，自由度是指当以样本的统计量来估计总体的参数时，样本中独立或能自由变化的数据的个数，称为该统计量的自由度。一般来说，自由度等于独立变量减掉其衍生量数。举例来说，变异数的定义是样本减平均值 (一个由样本决定的衍生量)，因此对 N 个随机样本而言，其自由度为 $N-1$。

2. 卡方距离

由于卡方检验的目标是检查观测频数与期望频数之间的差异性水平，因此卡方检验的核心内容就是计算出观测值的频数与期望频数总体差距的统计量，即卡方距离。这个距离可以通过"观测值频数与期望频数差值的平方与期望频率之比的累积和"来体现。

●任务小结

本任务介绍了利用 R 语言进行设备可靠数据的参数估计和假设检验，介绍了局部加权回归、拟合优度检验、最大似然估计等方法，要求学生理解这些方法的原理，了解适用场景，并在实践中积极探索其作用和价值。

任务 3   制订合适的维修周期

●任务描述

机器人装配线上的柔性电缆的失效前时间分布属于威布尔分布，其中 γ=150 时，β=1.7，η=300 时。如果在使用中发生失效，装配线和更换电缆的费用是 5000 元。在定期维修期中更换的费用是 500 元。请根据给出的资料，回答如下问题：

如果装配线一年运行 5000 时，而每周（100 时）进行定期维修，请以周为单位确定最优的维修间隔。

●任务分析

为完成该任务，需要学习维修的相关理论及维修周期的计算方法。

●相关知识

1. 维修策略的概念及类型

修复性维修：设备故障的时候，为了解决故障，使设备重新运转采取的维修行为。

预防性维修：设备还未发生故障，为了预防故障，采取的提前维修、保养更换零部件等行为。

基于时间的维修策略：直接对设备寿命建模，利用寿命的概率分布特征，制订最优的维修周期，按照设备是否可修复，又分为不同的维修行为。

基于状态的维修策略：通过设备运行状态参数，对设备剩余寿命进行建模，评估或者预计设备故障时间，提前采取维修行为。

具体的维修策略如图 7.3.1 所示。

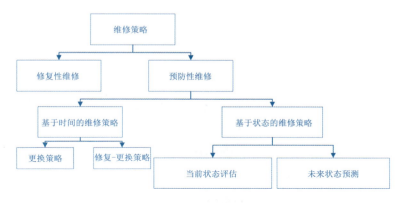

图 7.3.1　维修策略

2. 维修性参数及指标确定

维修性参数是描述维修性的特征量。常用的维修性参数有以下几种。

1) 平均修复时间

平均修复时间 (MTTR) 是产品维修性的一种基本参数。其度量方法为：在规定的条件下和规定的时间内，产品在任一规定的维修级别上，修复性维修总时间与在该级别上被修复产品的故障总数之比。

简单地说，就是排除故障所需实际时间的平均值，即产品修复一次平均需要的时间。由于修复时间是随机变量，是修复时间的均值或数学期望，即

$$\int_0^\infty y m(t) \mathrm{d}t$$

式中，$m(t)$ 为维修时间密度函数。

实际工作中使用其观测值，即修复时间 t 的总和与修复次数 n 之比：

$$\sum_{i=1}^n \frac{t_i}{n}$$

2) 最大修复时间

确切地说，应当是给定百分位或维修度的最大修复时间，通常给定的维修度 $m(t)=p$ 是 95% 或 90%。最大修复时间通常是平均修复时间的 2 ～ 3 倍，具体比值取决于维修时间的分布和方差及规定的百分位。

3) 修复时间中值

修复时间中值是指维修度 $m(t)=50\%$ 时的修复时间，又称为中位修复时间。不同分布情况下，中值与均值的关系不同，不一定相等。在使用以上三个修复时间参数时应注意：修复时间是排除故障的实际时间，不计管理及保障资源的延误时间；不同的维修级别，修复时间不同，给定指标时，应说明维修级别。

4) 预防性维修时间

预防性维修时间同样有均值、中值和最大值。其含义和计算方法与修复时间相似。但应用预防性维修频率代替故障率，预防性维修时间代替修复性维修时间。在选择维修性参数时，应全面考虑产品的使用情况、类型特点、复杂程度及参数是否便于度量及验证等因素，参数之间应相互协调。

选定维修性参数后就要确定相应的指标。一方面，过高的指标可能需要采用更先进的技术和设备来实现，这将会对设计、生产等方面提出更高的要求，不仅费用高昂，有时还难以实现；另一方面，过低的指标将使产品停用时间过长，降低产品的可用性，不能满足其使用要求。因此，在确定维修性指标时，应全面考虑产品的使用需求、现有的维修性水平、预期采用的技术、可能使该产品达到的维修性水平以及现行的维修保障体制和维修等级的划分等因素，而且要与可靠性、寿命周期费用、产品研制进度等因素进行综合权衡，使确定的维修性指标具有可操作性、可比性、适用性和可验证性。

3. 维修性设计与分析

维修性设计是将维修性要求落实到产品设计的一个过程，其任务是从各项维修性能指标出发，通过采取一系列有效的设计措施，确保最终设计的产品技术状态满足产品维修性的要求，即产品发生故障后能以最短的维修时间、最少的维修工时及费用，并消耗最少的资源，使产品恢复到规定的技术状态。

维修性分配是为了把产品的维修性定量要求按给定的分配准则分配给各组成部分而进行的工作。维修性分配的目的是，通过分配明确组成产品各部分的维修性要求或指标，以此作为各部分设计的依据，以便通过设计实现这些指标，保证整个产品最终达到规定的维修性要求。

1) 维修性分配的一般程序

在进行维修性分配之前，首先要明确分配的维修性指标，对产品进行功能分析，明确维修方案。其主要步骤为：

(1) 进行系统维修职能分析，确定各维修级别的维修职能及维修工作流程；

(2) 进行系统功能层次分析，确定系统各组成部分的维修措施和要素；

(3) 确定系统各组成部分的维修频率，包括修复性维修和预防性维修的频率；

(4) 将产品的维修性指标分配到各组成部分；

(5) 研究分配方案的可行性，进行综合权衡，必要时局部调整分配方案。

可靠性只关注产品及其组成部分的故障。在维修性分析中，有两个变量必须考虑和优化，即故障率和平均修复时间，优化得到的结果可能会有多个。

2) 维修性分配需要考虑的因素

(1) 产品的故障率：故障率高的单元分配的维修时间应当短。

(2) 维修级别：维修性指标是按哪一个维修级别规定的，就应该按哪一个级别的条件及完成的维修工作分配指标。

(3) 维修类别：指标要区分清楚是修复性维修还是预防性维修，或者二者的组合，相应的时间或工时。

(4) 产品功能层次：维修性分配要将指标自上而下一直分配到需要进行更换或修理的低层次产品，要按产品的功能层次和维修需要划分单元。

(5) 维修活动：每一次维修都要按合理的顺序完成一项或多项维修活动，而一次维修的时间则由相应的若干时间元素组成。

3) 维修性分配的常用方法

(1) 按故障率分配法：如果已有产品各组成部分的失效率的分配值或预计值，可以采用这种方法。分配的原则是故障率高的单元分配的维修时间应当稍短。

(2) 利用相似产品数据分配法：如果有相似产品的维修性数据，可以采用这种方法。分配的原则主要是考虑产品维修相似的程度。

(3) 按故障率和设计特性加权的综合加权分配法：在已知单元的可靠性值及有关设计方案时，可以采用这种方法。其分配原则是按故障率及预计维修的难易程度，通过专家打分进行加权分配。

在维修性分配中，除了考虑每次维修所需要的平均时间，必要时还应分配各种维修活动的时间。例如，检测诊断时间、拆装时间、原件修复时间等。有了这些数据，维修性设计就有了依据。

●任务准备

准备计算机、计算器、笔、纸等基本工具。

●任务实施

第一步，总成本（维修成本和故障成本的总和）最小化维修周期为：

$$\text{Min } (\text{operation\_time}/t) \times [\text{cost}]\_m + (\text{operation\_time}/t) \times [\text{cost}]\_f \times F(t)$$

其中，operation_time 为全年运行时长，t 为维修周期，$[\text{cost}]\_m$ 为单次维修成本，$[\text{cost}]\_f$ 为单次故障成本，$F(t)$ 为累计故障分布函数。

第二步，无定期更换时，柔性电缆在 t 小时后失效的概率是：

$$1 - \exp\left[-\left(\frac{t-150}{300}\right)^{1.7}\right]$$

第三步，在 m 小时后定期更换时，5000 小时的定期维修费用是：

$$\frac{5000}{m} \times 500 = 2.5 \times \frac{10^6}{m}$$

第四步，在每个定期更换间隔里，预计失效费用是（假设在更换间隔里失效数不大于 1)：

$$5000 \times \left\{1 - \exp\left[-\left(\frac{t-150}{300}\right)^{1.7}\right]\right\}$$

第五步，每年的总费用为：

$$C = 2.5 \times \frac{10^6}{m} + 5000 \times \frac{5000}{m} \times \left\{1 - \exp\left[-\left(\frac{t-150}{300}\right)^{1.7}\right]\right\}$$

结论：求得使每年总费用最低时间间隔是 2 周，此时的总费用为 18304 元。

综合分析各类成本和因素后，合理确定维修周期，提出最优维修策略，能较好控制维修成本，在使设备保持良好运营状态的基础上，把损失降到最低。

●问题管理

此任务具有一定的挑战性，需要掌握设备维修策略的方法以及最优化的理念，通过综合考虑各种因素和成本，求解总成本最小的方案，满足正常的生产运营，同时也最大程度降低维修成本。

●知识拓展

维修性预计

维修性预计是根据经验和相似产品的维修性数据，对新研发产品的设计构想或已设计结构或结构方案，预测在其预定条件下进行维修时的维修性参数量值，以便了解满足维修性要求的程度和发现影响维修性的薄弱环节。

维修性预计参数应与规定指标的参数一致，最经常预计的维修性参数是平均维修时间，根据需要也可预计最大修复时间、工时率和预防性维修时间。

维修性预计一般应具备以下条件：

(1) 相似产品的数据，包括产品的结构和维修性参数量值以及维修方案继续维修保障资源 (如人员、保障设备、保障设施等)；

(2) 新产品的设计方案或硬件的结构设计以及维修方案、维修保障资源等约束条件；

(3) 新产品组成部分的故障率数据，可以是预计值或实际值；

(4) 新产品初步的维修工作流程、时间及顺序等。

与可靠性预计相比，维修性预计的难度要大一些，主要是维修性量值与进行维修的人员技能水平以及所使用的工具、测试设备、保障设施等密切相关环节。因此，维修性预计必须与规定的保障条件相一致。

●任务小结

本任务介绍了维修策略的相关概念以及分类，介绍了维修性参数与指标确定以及维修性设计与分析，并介绍了运筹学最优化理论在制订维修周期中的应用。

第 8 单元
仓储综合分析

【内容概览】

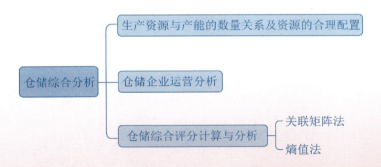

【知识目标】

1. 掌握自动化仓库的主要生产要素及其概念；

2. 理解情景分析法及其应用；

3. 掌握对比分析法的定义及其应用；

4. 掌握关联矩阵法的概念及分析计算步骤。

【技能目标】

1. 能够利用多元线性回归方法，使用 Excel 拟合生产资源与产能的数量关系；

2. 能够结合情景分析法对资源进行合理配置；

3. 熟练使用对比分析法分析仓储数据，从而认识仓储企业的现状，发现规律及运营问题；

4. 能够熟练运用关联矩阵法对仓储运营情况评分。

【职业目标】

1. 胜任物流企业运营部门数据分析、运营等岗位；

2. 培养认真细致的工作态度、严谨的工作作风；

3. 树立数据安全的意识；

4. 树立效率意识、成本意识、责任意识。

任务 1　生产资源与产能的数量关系及资源的合理配置

●任务描述

以某仓库 2019 年 8 月拣货作业数据为例，已知某仓库各自然小时拣选总件数、出库工作站数和 AGV 数量，如表 8.1.1 所示（数据共 647 条，详细数据请扫描封底二维码获取）。如何构建拣选总件数与出库工作站和 AGV 数量之间的数量关系？请使用 Excel 进行多元线性回归，写出各变量之间的关系表达式，并对模型进行相关检验。

表 8.1.1　某仓库 2019 年 8 月出库作业数据表（部分）

序号	小时	拣选件数	出库工作站数	AGV 数量
1	2019-08-01 07	155	3.00	22.00
2	2019-08-01 08	1612	3.00	44.75
3	2019-08-01 09	882	2.75	41.33
4	2019-08-01 10	695	2.00	31.75
5	2019-08-01 11	896	2.36	40.27
6	2019-08-01 12	892	2.17	30.42
7	2019-08-01 13	2050	4.00	53.50
……	……	……	……	……
645	2019-08-23 18	838	4.42	47.75
646	2019-08-23 19	863	3.58	49.50
647	2019-08-23 20	980	3.00	50.33

●任务分析

已知该仓库 8 月份各时间节点的出库拣选件数及其对应所使用的资源即出库工作站数、AGV 数量的数据，要求分析出拣选件数与出库工作站数、AGV 数量的函数表达式，使用工具为 Excel，分析方法为多元线性回归法。

●相关知识

自动化仓库中主要包括工作人员、工作站和设备单元三种类型的生产要素。

工作人员指在仓库中执行各种作业的人员，如拣货员、打包员等，如图 8.1.1 所示。工作站是工作人员作业的工作平台，如图 8.1.2 所示，工作站通常有工作所需的设备资源。设备单元是指在仓库内作业的设备，如搬运 AGV、分拣 AGV、穿梭车、堆垛机、机械臂等，如图 8.1.3 所示。

图 8.1.1　工作人员

图 8.1.2　工作站

图 8.1.3　搬运 AGV 设备

●任务准备

准备计算机、Excel、纸、笔等基本工具。

●任务实施

1. 确认 Excel 已加载回归分析选项

打开 Excel →文件→选项→加载项，选中"分析工具库"，单击"转到"，再单击"确定"，如图 8.1.4 所示。在弹出的窗口选中"分析工具库"，再单击"确定"，表示加载完毕，如图 8.1.5 所示。加载完后，Excel"数据"列最右端出现"数据分析"功能。

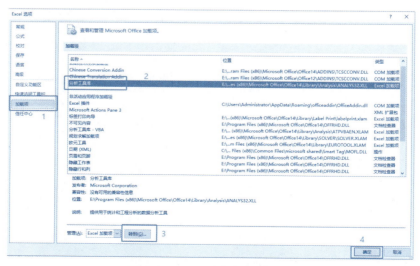
图 8.1.4　Excel 加载回归分析

2. 多元线性回归分析

进入 Excel 菜单栏中的 "数据" 选项，单击该选项下的 "数据分析"，在弹出的窗口中选择 "回归" 分析，再单击 "确定"，如图 8.1.6 所示。

在弹出的回归窗口中，分别输入 "Y 值输入区域" "X 值输入区域" "输出区域" 等值，具体选中对应区域单元格即可。其中 "Y 值输入区域" 指因变量 "拣选件数"，因此，选中拣选件数列共 648 个单元格；"X 值输入区域" 指自变量 "出库工作站数" 和 "AGV 数量"，选中出库工作站数和 AGV 数量两列，各自 648 个单元格；"输出区域" 指要输出的地址，可以选择新建表格，也可以在该表格内直接输出，本任务直接在现有表格中输出，随机选中输出地址为单元格 "J2"。最后，由于输入区域分别选中了表头文字行，所以勾选 "标志"，如图 8.1.7 所示。

图 8.1.5 加载宏

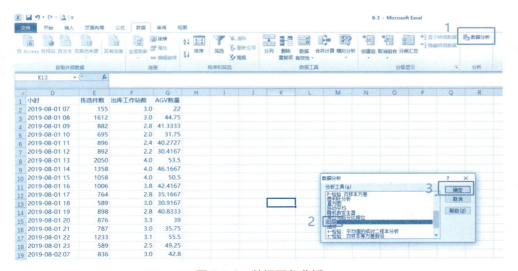

图 8.1.6 数据回归分析

图 8.1.7 输入回归分析数据

3. 结果分析

得到回归分析结果，如图 8.1.8 所示：

SUMMARY OUTPUT					
回归统计					
Multiple R	0.873371988				
R Square	0.76277863				
Adjusted R Square	0.762041918				
标准误差	251.7892657				
观测值	647				
方差分析					
	df	SS	MS	F	Significance F
回归分析	2	131281943.7	65640971.85	1035.381927	6.3027E-202
残差	644	40828205.31	63397.83432		
总计	646	172110149			

	Coefficients	标准误差	t Stat	P-value	Lower 95%	Upper 95%	下限 95.0%	上限 95.0%
Intercept	-30.6947732	25.8239516	-1.18861643	0.235028756	-81.4040906	20.01454432	-81.4040906	20.01454432
出库工作站数	165.8502105	13.92299894	11.91196029	1.04697E-29	138.5102517	193.1901693	138.5102517	193.1901693
AGV数量	11.15824651	1.266924934	8.807346208	1.1801E-17	8.670443727	13.6460493	8.670443727	13.6460493

图 8.1.8　回归分析结果

1) 模型

由以上分析得出模型为：

$$Y = 165.850X_1 + 11.158X_2 - 30.695$$

其中 Y 为拣选件数，X_1 为出库工作站数，X_2 为 AGV 数量。

2) 模型系数的含义

在其他条件不变的情况下，出库工作站每增加 1 个，每自然小时仓库的拣选件数平均增加 166 件；

当其他条件不变的情况下，AGV 每增加 1 台，每自然小时仓库的拣选件数平均增加 11 件。

3) 模型检验结果

根据回归分析结果 (如图 8.1.8 所示)，得出 R Square 值及 Adjusted R Square 值均约为 76%，远远超过 50%，表明数据与模型拟合程度良好。

根据回归分析结果图 8.1.8 中方差分析结果中的 F 检验，Significance F 值为 6.3027E-202(科学计数法，即 6.3027 乘以 10 的 -202 次方)，远小于 0.01，模型整体线性具有显著性，通过 F 检验。

图 8.1.8 中有回归系数的显著性检验结果，出库工作站数和 AGV 数量两个系数的 t 检验值分别为 11.912 和 8.807，对应回归系数的 P-value 值为 1.04697E-29 和 1.1801E-

17，两个值远小于 0.01，说明模型系数具有显著性，自变量与因变量之间存在线性关系。

4. 结合情景分析方法，合理配置资源

基于多元线性回归的方法，得到了生产资源与产能之间的数量关系式。以多元回归中得到的数据为例，在已知产能的情况下，可得到工作站和 AGV 的最优数量配置。

已知模型：拣选件数 =165.85 × 出库工作站数 +11.158 × AGV 数 − 30.695

假设每小时要完成拣选 3000 件，则可将 3000 代入模型中，限制工作站数量，计算出库 AGV 数量，如表 8.1.2 所示。

表 8.1.2　资源配置

平均每小时拣选件数	出库工作站数量	出库AGV数量
3000	11	108
	12	93
	13	79

假设未来要求该仓库每小时要完成货物拣选 3000 件，则当配置 11 个工作站时，需要配备 108 台 AGV 才能达到目标；当配置 12 个工作站时，需要配备 93 台 AGV；当配置 13 个工作站时，需要配备 79 台 AGV。以此类推，通过回归模型结合情景分析法，可以得到工作站数与 AGV 数量的最优资源配置结构。

● 问题管理

在本任务实施过程中，要秉承仔细认真的态度。在多元线性回归分析选择 Y 值区域和 X 值区域环节时容易出错，一定要仔细，以防选错。在模型检验过程中，要认真做好检验，保持头脑清晰。

● 知识拓展

1. 情景分析法的定义

情景分析法，又称脚本法或者前景描述法，在管理领域具有较长时间的应用历史，是假定某种现象或某种趋势将持续到未来的前提下，对预测对象可能出现的情况或引起的后果做出预测的方法。通常用来对预测对象的未来发展做出种种设想或预计，是一种直观的定性预算方法。

2. 适用领域的特点

该方法的适用领域，应具有以下描述的大部分特点：

(1) 未来的变化或发展不确定性较高；

(2) 未来的可能性较多，且都有其可取之处；

(3) 可能出现跨越式发展，变化无处不在；

(4) 创新机制或突破点无法定位；

(5) 战略判断无法决策；

(6) 人为因素对未来趋势影响较大；

(7) 对未来趋势的影响因素具有信息量多、范围广和内容分散等特点。

3. 情景分析法的应用步骤

(1) 明确的主题。进行情景分析应有明确的主题，即关注的内容、主题的选择应明确，但又具有多变性。

(2) 找到内在影响因素。内在影响因素主要与研究对象的发展过程有关，反映其自身存在的多种可能性，可以看作是内部因素。

(3) 分析外在需求驱动力。外在驱动力量主要包括经济、技术、能源、政策、环境等多个方面。这些驱动力量可以被看作是研究对象发展的外部环境，也就是外部作用力。

(4) 情景的设计。形成确定和不确定因素的具体情景描述。

(5) 情景分析。对情景进行分析，得到分析结果，并给出相应的建议。

● 任务小结

本任务以拣选件数与出库工作站数、AGV 数量为例，通过多元线性回归法，构建拣选总件数和出库工作站与 AGV 之间的数量关系式。要求学生能够以此为基础，根据已有的作业数据，利用多元线性回归方法，拟合其他各类生产资源与产能的数量关系，掌握多元线性回归分析方法，了解仓库实际运营，并结合情景分析法，根据数量关系合理配置资源，降低仓储运营成本。

任务 2　仓储企业运营分析

● 任务描述

为了评价与监督仓库的运营情况，京东地狼仓构建了仓储综合评价指标体系，指标体系以入库、出库、在库和设备情况为 4 个一级指标，并下设了若干个二级指标，能够全面、清晰地展现仓库的运营情况。以京东地狼仓运营评价指标体系为标准，收集到仓库 A 和仓库 B 9 月份、10 月份的运营数据，如表 8.2.1 所示。请运用对比分析法评价两个仓库的运营情况。

表 8.2.1　仓储综合评价指标数据

模块	类别	运营指标	单位	仓库A		仓库B	
				9月	10月	9月	10月
入库	总量	日均入库SKU件数	件	26048	45601	11800	14567
	入库效率	平均每个入库货架面上架SKU件数	件	48.4	32.3	21.3	18.7
		平均每个入库货架面上架SKU品类数	种	5.6	3.3	3.1	2.4
		平均AGV上架位停留时长	分钟	10	10	4	3
		平均上架每件SKU时长	秒	11.6	14.2	8.5	7.7
		平均每小时入库件数	件	1572	2046	866	1040
		平均每工作站每小时入库体积	立方米	0.5	0.4	0.4	0.4
		平均每工作站每小时入库重量	千克	122.3	86.9	94.6	102.8
		每工作站每小时入库件数(自然小时)	件/时	387.4	286.1	323.3	363.3
		每工作站每小时入库件数–峰值(自然小时)	件/时	1940	1068	882	1048
	工作站	日均入库工作站数	个	8.1	13.7	5.2	5.9
		日均每个入库工作站工作时长	小时	5.6	7.8	4.0	4.0
出库	总量	日均出库SKU件数	件	21026	37226	11270	11525
	订单结构	日均订单单量	单	11662	15881	6288	6137
		日均客单单量	单	11657	15876	6285	6136
		客单单均品类数(EN)	种	1.4	1.5	1.4	1.4
		客单单均件数(EQ)	件	1.82	2.41	1.78	1.92
	出库效率	平均每个出库货架面拣选SKU件数(客单)	件	1.95	2.08	1.75	1.83
		平均每个出库货架面拣选SKU品类数(客单)	种	1.3	1.3	1.3	1.3
		每工作站每小时AGV车次—均值	次	125.9	107.1	85.3	83.6
		每工作站每小时AGV车次—峰值	次	250	218	159	162
		平均AGV拣选位停留时长	秒	11.68	14.12	14.98	15.18
		平均拣选每件SKU时长	秒	6.58	7.39	9.22	8.86
		平均每小时拣选件数(整仓)	件	1068.4	1749.7	646.9	642.9
		每工作站每小时拣选件数	件	260	237	149	154
		每工作站每小时拣选件数—峰值	件	541.47	655.81	321.53	321.77
	工作站	日均出库工作站数	个	6.60	10.74	5.00	5.06
		日均每个出库工作站工作时长	小时	9.8	11.8	11.0	11.2
在库	在库	日均在库SKU品类数	种	31332	44166	19887	20533
		平均每个货架面存放体积	立方分米	114.1	249.0	135.2	192.4
		平均每个货架面存放体积/货架面容积	%	16.7	36.6	19.9	28.2
		平均每个货架面存放重量	千克	28	56	37	55

（续表）

模块	类别	运营指标	单位	仓库A		仓库B	
				9月	10月	9月	10月
在库	在库	日均每个货架面存放SKU品类数	种	20.30	20.58	16.53	20.32
		日均每种SKU存放货架面数	面	1.49	1.73	1.42	1.70
		月存货周转天数	天	9	12	10	16
		月存货周转率	%	3.45	2.51	3.01	1.95
设备情况	设备使用情况	日均上线小车数	辆	106.5	147.9	46.3	49.1
		AGV整体利用率—均值	%	61.58	63.10	60.77	61.98
		AGV整体利用率—峰值	%	81.5	82.2	78.6	79.6

●任务分析

仓库运营指标体系及指标对应的实际运营数值均已知，接下来的问题是如何分析数据、从数据中发现问题、评价仓库运营情况，数据分析的方向可以用对比分析法作为指导。

●相关知识

对比分析法是将两个或两个以上有内在联系的、可比的指标（或数量）进行对比分析，在运用对比分析法通过对指标的分析，能发现运营中存在的问题，特别是对几个指标的综合分析，能找到彼此间的联系和关键问题所在，从而能够更好地认识仓储企业的现状及其规律性，并为仓储运营的优化提供依据。

常见的对比分析法主要有 4 种，具体情况如表 8.2.2 所示。

表8.2.2　4种常用的对比分析法

对比分析方法	方法介绍
计划完成情况的对比分析	计划完成情况的对比分析是将同类指标的实际完成数或预计完成数与计划数进行对比分析，从而反映计划完成的绝对数和程度，分析计划完成或未完成的具体原因，总结经验，提出措施
纵向动态对比分析	纵向动态对比分析是将仓储运营综合评价体系的同类有关指标在不同时间上进行对比，如本期与上期比、与历史平均水平比、与历史最高水平比等。这种对比反映事物的发展方向和速度，说明当前状态的纵向动态，分析增长或降低的原因并提出建议
横向类比分析	横向类比分析是将仓储运营综合评价体系的有关指标在同一时期相同类型的不同仓库的对比分析。通过横向对比，能够找出仓库之间的差距，分析原因和问题，及时进行优化
结构对比分析	结构对比分析是将总体分为不同性质的各部分，然后以部分数值和总体数值之比，来反映事物内部构成的情况，一般用百分数表示

●任务准备

准备计算机、Excel、计算器、纸、笔等基本工具。

●任务实施

1. 数据加工

计算仓库 A 和仓库 B 的环比增值，通过计算环比数据变化，可以清晰地比较周期内的运营数据变化，计算方法为：

$$环比 = \frac{现期 - 基期}{基期} \times 100\%$$

其中，现期指当月即 10 月份的运营数据，基期指上一个月份即 9 月份的运营数据。如仓库 A "日均入库 SKU 件数" 环比增长值为：$\frac{45601 - 26048}{26048} \times 100\% = 75.1\%$。依此类推，得到数据加工结果如表 8.2.3 所示。

表 8.2.3　仓储综合评价指标数据加工

模块	类别	运营指标	单位	仓库A			仓库B		
				9月	10月	环比	9月	10月	环比
入库	总量	日均入库SKU件数	件	26048	45601	75.1%	11800	14567	23.4%
	入库效率	平均每个入库货架面上架SKU件数	件	48.4	32.3	−33.2%	21.3	18.7	−12.3%
		平均每个入库货架面上架SKU品类数	种	5.6	3.3	−40.6%	3.1	2.4	−21.0%
		平均AGV上架位停留时长	分钟	10	10	−2.0%	4	3	−15.0%
		平均上架每件SKU时长	秒	11.6	14.2	22.3%	8.5	7.7	−9.5%
		平均每小时入库件数	件	1572	2046	30.1%	866	1040	20.2%
		平均每工作站每小时入库体积	立方米	0.5	0.4	−17.8%	0.4	0.4	4.8%
		平均每工作站每小时入库重量	千克	122.3	86.9	−28.9%	94.6	102.8	8.6%
		每工作站每小时入库件数（自然小时）	件/时	387.4	286.1	−26.2%	323.3	363.3	12.4%
		每工作站每小时入库件数−峰值（自然小时）	件/时	1940	1068	−45.0%	882	1048	18.9%
	工作站	日均入库工作站数	个	8.1	13.7	69.3%	5.2	5.9	14.1%
		日均每个入库工作站工作时长	小时	5.6	7.8	39.0%	4.0	4.0	−0.1%

模块	类别	运营指标	单位	仓库A			仓库B		
				9月	10月	环比	9月	10月	环比
出库	总量	日均出库SKU件数	件	21026	37226	77.1%	11270	11525	2.3%
	订单结构	日均订单单量	单	11662	15881	36.2%	6288	6137	-2.4%
		日均客单单量	单	11657	15876	36.2%	6285	6136	-2.4%
		客单单均品类数(EN)	种	1.4	1.5	13.7%	1.4	1.4	2.7%
		客单单均件数(EQ)	件	1.82	2.41	32.7%	1.78	1.92	8.2%
	出库效率	平均每个出库货架面拣选SKU件数(客单)	件	1.95	2.08	6.7%	1.75	1.83	5.0%
		平均每个出库货架面拣选SKU品类数(客单)	种	1.3	1.3	-2.3%	1.3	1.3	1.6%
		每工作站每小时AGV车次—均值	次	125.9	107.1	-15.0%	85.3	83.6	-2.0%
		每工作站每小时AGV车次—峰值	次	250	218	-12.5%	159	162	2.0%
		平均AGV拣选位停留时长	秒	11.68	14.12	20.9%	14.98	15.18	1.4%
		平均拣选每件SKU时长	秒	6.58	7.39	12.4%	9.22	8.86	-3.9%
		平均每小时拣选件数(整仓)	件	1068.4	1749.7	63.8%	646.9	642.9	-0.6%
		每工作站每小时拣选件数	件	260	237	-8.7%	149	154	2.9%
		每工作站每小时拣选件数—峰值	件	541.47	655.81	21.1%	321.53	321.77	0.1%
	工作站	日均出库工作站数	个	6.60	10.74	62.8%	5.00	5.06	1.3%
		日均每个出库工作站工作时长	小时	9.8	11.8	19.9%	11.0	11.2	1.4%
在库	在库	日均在库SKU品类数	种	31332	44166	41.0%	19887	20533	3.3%
		平均每个货架面存放体积	立方分米	114.1	249.0	118.3%	135.2	192.4	42.3%
		平均每个货架面存放体积/货架面容积	%	16.7	36.6	118.3%	19.9	28.2	42.3%
		平均每个货架面存放重量	千克	28	56	101.8%	37	55	47.8%
		日均每个货架面存放SKU品类数	种	20.30	20.58	1.4%	16.53	20.32	22.9%
		日均每种SKU存放货架面数	面	1.49	1.73	16.5%	1.42	1.70	19.1%
		月存货周转天数	天	9	12	37.2%	10	16	54.5%
		月存货周转率	%	3.45	2.51	-27.1%	3.01	1.95	-35.3%
设备情况	设备使用情况	日均上线小车数	辆	106.5	147.9	38.9%	46.3	49.1	5.9%
		AGV整体利用率—均值	%	61.58	63.10	2.5%	60.77	61.98	2.0%
		AGV整体利用率—峰值	%	81.5	82.2	0.9%	78.6	79.6	1.3%

2. 数据分析与结论

运用对比分析法分析仓库运营情况时，应多留意以下要点：

(1) 通过该体系能够直观地了解仓库 A 和仓库 B 在入库、出库、在库和设备运行等模块的运营情况；

(2) 通过相关指标的对比，辅助发现关键指标增长或降低的原因；

(3) 通过环比值及同比值，可以了解仓库运营情况的变化趋势，分析增长或降低的原因；

(4) 通过仓库与仓库之间的横向对比，能够找出仓库之间的差距，分析原因及时进行优化。

根据对比分析法对仓库 A 和仓库 B 的运营情况分析如下。

1) 直观分析

9 月份仓库 A 的日均入库 SKU 数达到 26048 件，10 月份环比增长了 75.1%，达到 45601 件。9 月份仓库 A 的日均出库 SKU 数为 21026 件，10 月份环比增长 77.1%，达到 37226 件。9 月份和 10 月份仓库 A 和仓库 B 的日均入库 SKU 数均大于日均出库 SKU 件数，入库数量大于出库数量，短时间内会导致库存增加，应留意库存的总量与余量，做好库存管理与控制。

从 9 月份到 10 月份，由于入库和出库总量都在增加，需要投入更多的 AGV。从表格中可观察到，仓库 A 日均上线小车数 10 月份环比增长了 38.9%，日均上线数多了 41.4 辆，AGV 整体利用率提升了 1.52%。

根据表内不同的数据可以做出不同的直观分析，得到更多有益于仓库运营的数据，以此类推进行深入分析。

2) 纵向动态对比分析

观察入库、出库的总量指标发现，仓库 A 和仓库 B 的日均出入库 SKU 件数环比均出现增长，仓库 A 增长速度非常快，日均出、入库 SKU 件数环比增长比例达到 77.1% 和 75.1%，而仓库 B 的日均出、入库 SKU 件数环比增长比例为 2.3% 和 23.4%。由此可以看出，10 月份仓库 A 的出入库业务量增长远高于仓库 B。

以此类推，根据表内其他同类有关指标在不同时间上的对比，可以做出更多的纵向对比分析，得到更多有益于仓库运营的数据。

3) 横向类比分析

9 月份仓库 A 的每工作站每小时入库件数（自然小时）为 387.4 件，仓库 B 为 323.3 件，仓库 A 的工作站入库效率高于仓库 B。但是，仓库 A 的平均上架每件 SKU 时长为 11.6 秒，仓库 B 为 8.5 秒，单指标得出仓库 B 的 AGV 上架效率高于仓库 A。仓库 A 的入库效率高，但是上架效率低，说明仓库 A 内货物入库后上架时间较长，产生的原因可能是仓库拥挤、AGV 上架时停留时间长、系统反应慢等问题。

以此类推，根据表内其他有关指标在同一时期、相同类型的不同仓库之间对比分析，做出更多的横向对比分析，得到更多的横向对比分析结果，从而找出不同仓库之间的差距，使各仓库能够互相学习，不断进步。

● 问题管理

利用对比分析法分析仓库的运营情况时，在构建了比较完整、全面的综合评价指标体系的基础上，要善于发现指标间的相互影响关系，这就要求学生首先能够理解各指标的含义，并对仓库的实际运营有一定的基础认知。同时，在数据分析时，容易出现看错数据的问题，计算时要仔细认真。

● 任务小结

在仓储运营综合评价体系中，用得比较多的方法是纵向动态对比分析法和横向类比分析法。通过纵向动态对比分析法，可以对同一仓库不同时期的数据进行对比，了解仓库运营情况的变化趋势，及时发现问题并优化；通过横向类比分析，可以对不同仓库进行对比，找出仓库运营情况的差异和不足。同时，还要多利用计划完成情况的分析，通过计划实际完成数或预计完成数与计划数进行对比分析，找出差距，分析计划完成或未完成的具体原因，总结经验，提出措施。

任务 3　仓储综合评分计算与分析

● 任务描述

京东某区域下属 4 个仓库 A、B、C、D，主要承接该区域的京东物流仓储业务。为了获知 4 个仓库的运营情况，总部要求对 4 个仓库进行一次综合评分，运营部立即展开工作。经过调查，运营部门以地狼仓运营综合评价指标体系为参考，针对入库、出库、在库分别选取了若干个重要的指标作为考核依据，请运用综合评价法对仓库运营情况进行评分，评估各仓库的综合情况。

● 任务分析

本任务要求运用综合评价方法，对仓库 A、B、C、D 分别评分，要求掌握相关的综合评价方法并运用分析，对指标数据进行处理且计算准确。

●相关知识

使用比较系统、规范的方法对于多个单位、多个指标同时进行评价的方法称为综合评价方法，也叫多指标综合评价方法。综合评价的方法一般是主客观结合的，方法的选择需基于实际指标数据情况选定，最为关键的是指标的选取以及指标权重的设置。

常见的综合评价方法有关联矩阵法、熵值法、层次分析法、主成分分析法等，本任务以关联矩阵法及熵值法为例进行综合评分。

1. 关联矩阵法

1) 定义

关联矩阵法是常用的系统综合评价法，是对多目标系统方案从多个因素出发综合评定优劣程度的方法，是一种定量与定性相结合的评价方法。它主要是用矩阵形式来表示各替代方案有关评价指标的评价值，并采用矩阵式确定各评价指标的权重，然后计算各方案的加权和，加权和数值最大的方案即为最优方案。

2) 关联矩阵法的计算步骤

第一步：确定指标体系。

不同方案的评估量表的模块内容可以不一样，根据评估内容覆盖面的差异，指标体系也可以根据需要分成不同的模块。指标又可以按等级分类：一级指标，又称为指标项目；二级指标，是对一级指标模块的进一步细分得来的；有些复杂的量表还包括三级指标等。

第二步：确定指标权重体系

在指标体系中，各个指标对于评价主体的重要程度是不同的，这种重要程度的差别需要通过在各个指标中分配不同的权重来体现。一组评价指标所对应的权重组成了权重体系。

设某个一级指标体系为 $\{X_j | j = 1, 2, \cdots, n\}$，其对应的权重体系为 $\{W_j | j = 1, 2, \cdots, n\}$，那么任何一组权重 $\{W_j | j = 1, 2, \cdots, n\}$ 体系必须满足下述两个条件：

$$0 < W_j \leq 1, (j = 1, 2, \cdots, n)$$

$$\sum_{j=1}^{n} w_j = 1$$

该指标评价体系的二级指标体系为 $\{X_{ij} | i = 1, 2, \cdots, m; \ j = 1, 2, \cdots, n\}$，对于更多级指标可以依此类推。

第三步：单项评价。

不同的评价主体要根据每个指标按照其评分标准对指标评分，指标按照性质分为定性指标和定量指标。定量指标的评分根据指标数值判定，定性指标一般采用德尔菲专家评分法。

德尔菲法又称专家意见法，邀请若干个行业专家，根据指标体系及指标说明打分，专家各自打分互不影响，汇总所有有效分数以后，去掉最低分和最高分，取算术平均值作为指标的最终得分。该方法利用了专家的知识和长期积累的经验，减轻了权威的影响。

第四步：综合评估。

根据指标权重及指标评分的加权和确定被评价主体的最终得分。如图 8.3.1 所示。

X_j / V_{ij} w_{ij} / A_i	X_1	X_2	$\cdots$	X_n	V_i
	w_1	w_2	$\cdots$	w_n	
A_1	V_{11}	V_{12}	$\cdots$	V_{1n}	$V_1=\sum_{j=1}^{n} w_j V_{1j}$
A_2	V_{21}	V_{22}	$\cdots$	V_{2n}	$V_2=\sum_{j=1}^{n} w_j V_{2j}$
$\vdots$	$\vdots$	$\vdots$	$\ddots$	$\vdots$	$\vdots$
A_m	V_{m1}	V_{m2}	$\cdots$	V_{mn}	$V_m=\sum_{j=1}^{n} w_j V_{mj}$

图 8.3.1 关联矩阵法

其中 $A_i(i=1,2,\cdots,m)$ 指评价对象；

$X_j(j=1,2,\cdots,n)$ 指评价指标；

$W_j(j=1,2,\cdots,n)$ 指指标的权重；

$V_{ij}(i=1,2,\cdots,m;j=1,2,\cdots,n)$ 指第 i 个评价对象第 j 个指标的评分。

2. 熵值法

1) 定义

熵值法是一种客观赋权方法，是用来判断某个指标的离散程度的数学方法。离散程度越大，该指标对综合评价的影响越大，权重也就越大；离散程度越小，该指标对综合评价的影响越小，权重也就越小。因此，可以用熵值判断某个指标的离散程度，从而判定指标权重，该方法在评价和决策时具有较好的应用前景。

2) 基本原理

熵的概念源于热力学，是对系统状态不确定性的一种度量。在信息论中，信息是系统有序程度的一种度量，而熵是系统无序程度的一种度量，两者绝对值相等，但符号相反。信息量越大，不确定性就越小，熵也就越小；信息量越小，不确定性越大，熵也越大。根据此特性，可以利用评价中各方案的固有信息，通过熵值法得到各个指标的信息熵，信息熵越小，信息的无序度越低，信息的效用值越大，指标的权重越大；熵越大，信息越无序，其信息的效用值越小，指标的权重越小。具体如表 8.3.1 所示。

表 8.3.1　熵值与权重关系表

熵值	有序性	信息量	效用值	权重
熵大	越无序	信息少	效用值小	权重小
熵小	越有序	信息多	效用值大	权重大

综上所述，可以通过计算熵值来判断一个事件的随机性及无序程度，也可以用熵值来判断某个指标的离散程度。指标的离散程度越大，该指标对综合评价的影响越大。因此，可根据各项指标的离散程度，利用信息熵这个工具，计算出各个指标的权重，为多指标综合评价提供依据。

3) 计算步骤

第一步：原始数据的收集与整理。

确定综合评价的评价指标体系，并收集对应指标的数值。假设评价指标体系有 m 个待评价方案，n 个指标，指标的对应取值为 x_{ij}，$\{x_{ij}|\ i=1,2,\cdots,m;\ j=1,2,\cdots,n\}$ 表示第 i 个方案的第 j 项评价指标的数值。

第二步：数据标准化处理。

第一，由于指标体系中各指标的量纲、数量级均有差距，所以为了消除因量纲不同而对评价结果产生影响，需要对各指标值进行标准化处理，采用 Min-Max 标准化数据公式如下：

对于正向指标，即指标值越大越好的指标数据标准化公式为：

$$x'_{ij} = \frac{x_{ij} - \text{Min}\{x_j\}}{\text{Max}\{x_j\} - \text{Min}\{x_j\}}, \text{其中} i=1,2,\cdots,m;\ j=1,2,\cdots,n$$

对于负向指标，即指标值越小越好的指标数据标准化公式为：

$$x'_{ij} = \frac{\text{Max}\{x_j\} - x_{ij}}{\text{Max}\{x_j\} - \text{Min}\{x_j\}}, \text{其中} i=1,2,\cdots,m;\ j=1,2,\cdots,n$$

第二，计算第 i 个样本下 j 项指标的比值

$$y_{ij} = \frac{x'_{ij}}{\sum_{i=1}^{m} x'_{ij}} (0 \leqslant y_{ij} \leqslant 1)$$

第三步：计算指标信息熵。

计算第 j 项指标的信息熵值的公式为：

$$e_j = -k \sum_{i=1}^{m} y_{ij} \ln y_{ij}, \text{其中} k = \frac{1}{\ln m}$$

第四步：计算指标权重。

计算指标权重的公式如下：

$$w_j = \frac{1 - e_j}{n - \sum_{j=1}^{n} e_j}$$

第五步：计算综合评分。

采用加权求和公式计算综合评分，公式如下：

$$v_i = \sum_{j=1}^{n} w_j x'_{ij}$$

●任务准备

准备计算机、Excel、计算器、纸、笔等基本工具。

●任务实施

方法一：关联矩阵法

1) 确定指标体系

地狼仓运营综合评价体系中，一级指标为入库、出库、在库、设备情况，指标体系完整且全面。以地狼仓运营综合评价体系为基础，由于本次评估只考核仓库运营情况，因此对第四个一级指标"车辆情况"本次不做评估。运营部针对入库、出库、在库三个一级指标，分别选取了其中共 6 个最重要的二级指标，作为本次 A、B、C、D 4 个仓库评估的一级指标并构成综合评价指标体系，选取的 6 个指标代表性强、指标体系较全面。6 个指标 (不涉及二级指标) 分别是每工作站每小时入库件数、平均每个出库货架面拣选 SKU 件数、平均拣选每件 SKU 时长、每工作站每小时拣选件数、平均每个货架面存放体积 / 货架面容积、月存货周转天数。评价指标体系如表 8.3.2 所示。

表 8.3.2　综合评价指标体系

运营指标	单位
每工作站每小时入库件数	件/时
平均每个出库货架面拣选SKU件数	件
平均拣选每件SKU时长	秒

运营指标	单位
每工作站每小时拣选件数	件
平均每个货架面存放体积/货架面容积	%
月存货周转天数	天

2) 确定指标权重

确定好评价指标体系后，要确定指标体系内各指标的权重，通过邀请行业专家根据其经验及认知分别对6个评价指标拟定权重。综合各个专家建议，最终确定的权重如表8.3.3所示。

表8.3.3　指标权重

运营指标	单位	权重
每工作站每小时入库件数	件/时	0.10
平均每个出库货架面拣选SKU件数	件	0.20
平均拣选每件SKU时长	秒	0.15
每工作站每小时拣选件数	件	0.20
平均每个货架面存放体积/货架面容积	%	0.25
月存货周转天数	天	0.10

3) 单项评价

以各仓库9月份的数据作为评价标准，运营部分别收集4个仓库A、B、C、D评价指标的数据，如表8.3.4所示。

表8.3.4　仓库数据

运营指标	单位	仓库A	仓库B	仓库C	仓库D
每工作站每小时入库件数	件/时	387.43	323.29	391.77	373.54
平均每个出库货架面拣选SKU件数	件	1.95	1.75	1.84	2.22
平均拣选每件SKU时长	秒	6.58	9.22	6.84	7.83
每工作站每小时拣选件数	件	259.77	149.26	166.82	185.71
平均每个货架面存放体积/货架面容积	%	16.75	19.85	14.87	42.28
月存货周转天数	天	9	10	12	17

体系内的评价指标均为定量指标，平均拣选每件SKU的时长和月存货周转天数两个指标的实际数值为负向指标。指标值越小越好，因此先将其指标值取倒数（即用1除以指标值）。将平均拣选每件SKU的时长和存货周转天数取倒数后，数据如表8.3.5所示。

表8.3.5　仓库数据初加工

运营指标	单位	仓库A	仓库B	仓库C	仓库D
每工作站每小时入库件数	件/时	387.43	323.29	391.77	373.54
平均每个出库货架面拣选SKU件数	件	1.95	1.75	1.84	2.22

（续表）

运营指标	单位	仓库A	仓库B	仓库C	仓库D
平均拣选每件SKU时长（取倒数）	秒	0.15	0.11	0.15	0.13
每工作站每小时拣选件数	件	259.77	149.26	166.82	185.71
平均每个货架面存放体积/货架面容积	%	16.75	19.85	14.87	42.28
月存货周转天数（取倒数）	天	0.11	0.10	0.08	0.06

为了避免数据量纲的影响，需对指标值进行数据标准化操作，标准化后的数值称为单项评价值。

在进行数据标准化前，需先计算各指标的均值和样本标准差。计算结果如表 8.3.6 所示。

表 8.3.6　仓库数据计算

运营指标	单位	仓库A	仓库B	仓库C	仓库D	平均值	标准差
每工作站每小时入库件数	件/时	387.43	323.29	391.77	373.54	369.01	31.45
平均每个出库货架面拣选SKU件数	件	1.95	1.75	1.84	2.22	1.94	0.20
平均拣选每件SKU时长（取倒数）	秒	0.15	0.11	0.15	0.13	0.13	0.02
每工作站每小时拣选件数	件	259.77	149.26	166.82	185.71	190.39	48.59
平均每个货架面存放体积/货架面容积	%	16.75	19.85	14.87	42.28	23.44	12.73
月存货周转天数（取倒数）	天	0.11	0.10	0.08	0.06	0.09	0.02

利用平均值及标准差对仓库数据标准化，公式如下：

$$数据标准化值 = \frac{数据值 - 数据组平均值}{数据组标准差}$$

例如仓库 A 的评价指标"每工作站每小时入库件数"的数值标准化如下：

$$\frac{387.43 - 369.01}{31.45} = 0.59$$

以此类推，得到表格 8.3.7。

表 8.3.7　仓库数据标准化

运营指标	单位	仓库A	仓库B	仓库C	仓库D
每工作站每小时入库件数	件/时	0.59	−1.45	0.72	0.14
平均每个出库货架面拣选SKU件数	件	0.05	−0.93	−0.49	1.37
平均拣选每件SKU时长（取倒数）	秒	0.93	−1.28	0.64	−0.30
每工作站每小时拣选件数	件	1.43	−0.85	−0.49	−0.10
平均每个货架面存放体积/货架面容积	%	−0.53	−0.28	−0.67	1.48
月存货周转天数（取倒数）	天	1.00	0.51	−0.22	−1.30

4) 综合评价

根据各指标的权重及各仓库指标的数据值，利用加权和计算各仓库的综合评分，得到结果如下。

仓库 A：V_A=0.59×0.1+0.05×0.2+0.93×0.15+1.43×0.2+(−0.53)×0.25+1.00×0.1= 0.46

仓库 B：V_B=(−1.45)×0.1+(−0.93)×0.2+(−1.28)×0.15+(−0.85)×0.2+(−0.28)×0.25+0.51×0.1=−0.71

仓库 C：V_C=0.72×0.1+(−0.49)×0.2+0.64×0.15+(−0.49)×0.2+(−0.67)×0.25+(−0.22)×0.1=−0.22

仓库 D：V_D=0.14×0.1+1.37×0.2+(−0.3)×0.15+(−0.1)×0.2+1.48×0.25+(−1.3)×0.1= 0.47

根据以上综合评价得分，得分排序为：仓库 D> 仓库 A> 仓库 C> 仓库 B。得分越高，仓库的运营越好，4 个仓库的运营情况最优为仓库 D，其次为仓库 A，再次为仓库 C，最后为仓库 B。

方法二：熵值法

1) 原始数据的收集与整理

构建的指标评价体系同上述关联矩阵法，得到 A、B、C、D 4 个仓库的综合评价指标体系，以各仓库 9 月份的数据作为评价标准，收集指标取值如表 8.3.8 所示。

表 8.3.8　综合评价指标体系

指标取值	每工作站每小时入库件数	平均每个出库货架面拣选SKU件数	平均拣选每件SKU时长	每工作站每小时拣选件数	平均每个货架面存放体积/货架面容积	月存货周转天数
仓库A	387.43	1.95	6.58	259.77	16.75	9
仓库B	323.29	1.75	9.22	149.26	19.85	10
仓库C	391.77	1.84	6.84	166.82	14.87	12
仓库D	373.54	2.22	7.83	185.71	42.28	17

2) 数据标准化处理

消除量纲的影响，对各指标值利用 Min-Max 标准化公式处理得到结果如表 8.3.9 所示，其中指标平均拣选每件 SKU 时长与指标月存货周转天数属于负向指标。

表 8.3.9　指标数据标准化

标准化值	每工作站每小时入库件数	平均每个出库货架面拣选SKU件数	平均拣选每件SKU时长	每工作站每小时拣选件数	平均每个货架面存放体积/货架面容积	月存货周转天数
仓库A	0.94	0.43	1.00	1.00	0.07	1.00
仓库B	0.00	0.00	0.00	0.00	0.18	0.88
仓库C	1.00	0.19	0.90	0.16	0.00	0.63
仓库D	0.73	1.00	0.53	0.33	1.00	0.00

计算第 i 个样本 j 项指标的比值 y_{ij}，结果如表 8.3.10 所示。

表 8.3.10　指标数据标准化比值

标准化值	每工作站每小时入库件数	平均每个出库货架面拣选SKU件数	平均拣选每件SKU时长	每工作站每小时拣选件数	平均每个货架面存放体积/货架面容积	月存货周转天数
仓库A	0.35	0.26	0.41	0.67	0.05	0.40
仓库B	0.00	0.00	0.00	0.00	0.15	0.35
仓库C	0.37	0.12	0.37	0.11	0.00	0.25
仓库D	0.27	0.62	0.22	0.22	0.80	0.00

3) 计算指标信息熵

根据信息熵的计算公式 $k = \dfrac{1}{\ln m} = 0.72,(其中 m = 4)$，得到各指标的信息熵如表 8.3.11 所示。

表 8.3.11　信息熵

信息熵	每工作站每小时入库件数	平均每个出库货架面拣选SKU件数	平均拣选每件SKU时长	每工作站每小时拣选件数	平均每个货架面存放体积/货架面容积	月存货周转天数
数值	0.79	0.65	0.77	0.61	0.45	0.78

4) 计算指标权重

根据信息熵的计算结果及指标权重计算公式，得到各指标的权重如表 8.3.12 所示。

表 8.3.12　指标权重

权重	每工作站每小时入库件数	平均每个出库货架面拣选SKU件数	平均拣选每件SKU时长	每工作站每小时拣选件数	平均每个货架面存放体积/货架面容积	月存货周转天数
数值	0.11	0.18	0.12	0.20	0.28	0.11

5) 确定指标权重

利用各指标权重及指标值通过加权法计算得到 4 个仓库的综合评分如下。

仓库 A：$V_A = 0.94 \times 0.11 + 0.43 \times 0.18 + 1 \times 0.12 + 1 \times 0.2 + 0.07 \times 0.28 + 1 \times 0.11 = 0.63$

仓库 B：$V_B = 0 \times 0.11 + 0 \times 0.18 + 0 \times 0.12 + 0 \times 0.2 + 0.18 \times 0.28 + 0.88 \times 0.11 = 0.15$

仓库 C：$V_C = 1 \times 0.11 + 0.19 \times 0.18 + 0.9 \times 0.12 + 0.16 \times 0.2 + 0 \times 0.28 + 0.63 \times 0.11 = 0.35$

仓库 D：$V_D = 0.73 \times 0.11 + 1 \times 0.18 + 0.53 \times 0.12 + 0.33 \times 0.2 + 1 \times 0.28 + 0 \times 0.11 = 0.67$

根据以上综合评价得分，得分排序为：仓库 D> 仓库 A> 仓库 C> 仓库 B。得分越高，仓库的运营越好。4 个仓库的运营情况最优为仓库 D，其次为仓库 A，再次为仓库 C，最后为仓库 B。

●问题管理

本任务主要利用了关联矩阵法及熵值法评价 A、B、C、D 4 个仓库。在计算步骤过程中，由于各指标的数据量纲均不一致，为了避免数据量纲的影响，一定要把所有数据标准化。标准化步骤容易遗漏，要特别留意。另外，要留意各指标数值的意义，对于实际数值为负向指标的情况，在进行数据加工处理时要留意把它与其他指标同向化。

●知识拓展

1. 层次分析法

层次分析法是由美国运筹学家 T. L. Saaty 提出来的一种简明、实用的定性与定量分析相结合的系统分析与评价的方法，是将与决策有关的元素分解成目标层、准则层、方案层等层次，在此基础之上进行定性和定量分析的决策方法。

层次分析法是将决策问题按总目标、各层子目标、评价准则直至具体的方案的顺序，分解为不同的层次结构，然后用求解判断矩阵特征向量的办法，求得每一层次的各元素对上一层次某元素的优先权重，最后再用加权和的方法归并各备选方案对总目标的最终权重，最终权重最大者即为最优方案。

层次分析法比较适合于具有分层交错评价指标的目标系统，而且目标值又难于定量描述的决策问题，其应用较广泛，已遍及经济计划和管理、能源政策和分配、行为科学、军事指挥、运输、农业、教育、人才、医疗和环境等领域。

层次分析法包括以下计算步骤。

(1) 建立层次结构模型。构建的结构模型包括目标层 (最高层)、准则层 (中间层)、方案层 (最低层)。

(2) 构建判断 (成对比较) 矩阵。从结构模型的第二层次开始，使用成对比较矩阵和 Saaty 教授的 1 ~ 9 标度法。成对比较矩阵是表示本层所有因素针对上一层某一个因素 (准则或目标) 的两两相对重要性的比较，用数字 1 ~ 9 表示比较后的重要程度，它不是把所有因素放在一起比较，而是同一层次针对上一层次的两两重要性比较。

(3) 层次单排序及一致性检验。计算每个成对比较矩阵的最大特征值及其对应的特征向量，并对一致性指标进行检验。将随机一致性指标和一致性比率做一致性检验。若通过检验，则归一化后的特征向量即为权向量；若不通过，则需要重新构建成对比较矩阵。

(4) 层次总排序及一致性检验。计算最下层对最上层总排序的权向量，利用总排序一致性比率进行检验。若通过，则可按照总排序权向量表示的结果进行决策，权重最大者即为最优方案，否则需要重新构建成对比较矩阵。

2. 主成分分析法

主成分分析又称主分量分析，旨在利用降维的思想，把原来多个变量划为少数几个综合指标的一种统计分析方法。

在进行问题研究时，构建的模型变量个数太多会加大研究的复杂性，若能将变量个数减少而得到的信息不影响研究或影响较小，则更有利于研究的开展。主成分分析法就是减少原有指标变量进行研究的方法。在很多情形中，为了全面分析问题，往往提出很多与此有关的变量（或因素），因为每个变量都在不同程度上反映这个课题的某些信息，但是各变量之间是有一定的相关关系。当两个变量之间有一定相关关系时，可以理解为这两个变量反映的信息有一定的重叠。主成分分析就是基于原先提出的所有变量，从而建立尽可能少的新变量，使得这些新变量是两两不相关的，而且这些新变量在反映原研究的信息方面尽可能保持原有的信息。

●任务小结

各仓库的运营情况需要通过具体的指标值来体现，因此首先要建立综合评价指标体系，再利用合适的综合评价方法进行综合评分。

综合评价方法比较多，本任务讲解了如何利用关联矩阵法完成对仓库的综合评价，主要通过确定评价指标体系、确定指标权重、单项评价和综合评价4个步骤完成任务。通过加权求和得到4个仓库最终的评分，评分越高，代表仓库的综合运营情况越好；得分越低，说明该仓库的运营情况比较差。通过得到具体的数值评定各仓库运营情况，分析运营情况良好的仓库的经验，推广到其他仓库学习；分析综合评价得分低的仓库具体各指标数值，找到薄弱环节，向其他仓库取经学习，不断进步，缩小差距，从而达到共同进步的目标。